외래 동식물
무엇이 문제일까?

외래 동식물 무엇이 문제일까?

1판 2쇄 발행   2022년 6월 30일

글쓴이   이억주

펴낸이   이경민
펴낸곳   ㈜동아엠앤비
출판등록   2014년 3월 28일(제25100-2014-000025호)
주소   (03737) 서울특별시 서대문구 충정로 35-17 인촌빌딩 1층
홈페이지   www.dongamnb.com
전화   (편집) 02-392-6903   (마케팅) 02-392-6900
팩스   02-392-6902
SNS   🅕 🅞 🅑ᴸᵒᵍ
전자우편   damnb0401@naver.com

ISBN   979-11-6363-535-2 (44300)
979-11-87336-40-2 (세트)

10대가 꼭 읽어야 할
사회·과학교양 9

이억주 지음

외래 동식물
무엇이 문제일까?

소리 없이 퍼지는 외래종의 습격에
훼손되는 자연 생태계

동아엠앤비

동태평양, 에콰도르, 화산섬 19개, 찰스 다윈, 진화론의 고향, 자연
사 박물관, 이구아나, 핀치, 거북…….

　이런 말을 들으면 떠오르는 곳이 있나? 그렇다. 바로 갈라파고
스다. 에콰도르에서 서쪽으로 1,000km 떨어진 갈라파고스는 육지
에서 고립된 지 오래여서 갈라파고스에서만 사는 특산 동식물이
많다. 그중 갈라파고스땅거북은 이 섬의 대표 특산 동물로 에스파
냐 사람들이 이 섬을 '갈라파고스'라고 이름을 짓게 된 이유가 되
었다. 에스파냐어로 갈라파고galapago는 '바다거북', 또는 '말의 안
장'이라는 뜻인데 이 거북의 등껍질 머리 부분이 말의 안장처럼
약간 솟아 있는 것을 보고 갈라파고스땅거북이라는 이름을 붙였
고, 갈라파고스가 섬 전체의 이름이 되었다.

　갈라파고스땅거북을 비롯해서 갈라파고스물개, 갈라파고스핀
치, 갈라파고스알바트로스, 갈라파고스제비갈매기 등 갈라파고스
라는 이름이 들어간 동물이 많고, 바다이구아나와 육지이구아나
등 독특하게 생긴 동물이 많다. 갈라파고스에 서식하는 포유류,

갈라파고스땅거북은 갈라파고스에만 사는 특산 동물로 갈라파고는 에스파냐어로 바다거북이라는 뜻이다.

조류, 파충류 중 80% 이상, 고등 식물은 40% 이상이 특산종이라고 한다.

1835년 영국의 생물학자 찰스 다윈이 비글호를 타고 탐사하면서 독특한 생물상이 알려졌고, 거북과 핀치들이 섬에 따라 생김새가 다르다는 것에서 진화론을 창안했다. 또한 다윈은 이를 바탕으로 1859년 『종의 기원』을 출판하기에 이른다.

갈라파고스의 섬들은 300~500만 년 전 화산 폭발로 생겨났다고 추정된다. 이후 육지에서 식물의 씨앗이 날려 오거나 해류를 타고 건너왔을 것이다. 조류는 날아서 섬으로 올 수 있었고, 포유류와 파충류는 표류하다가 상륙했을 것으로 보인다. 다만 갈라파고스에는 양서류가 살고 있지 않은데 양서류는 차가운 바닷물에 표류할 수 없었을 것이고, 다행히 갈라파고스에 상륙했다하더라도 민물이 부족한 화산섬에서는 살아갈 수 없었을 것이다. 포유류, 조류, 파충류만이 가까스로 살아남아 오랜 세월이 지나는 동안 섬의 환경이나 먹이에 따라 몸의 모양이 변하게 되어 급기야 새로운 종으로 분화되었다고 생각된다. 갈라파고스 제도에는 핀치가 13종 서식하는데 먹이의 종류, 서식 장소에 따라 부리의 모양, 크기, 깃털의 색깔 등이 다르다. 이것은 한 종의 조상으로부터 분화한 것이며 사는 곳의 환경에 적응하며 진화한 결과다. 다윈의 눈에 보인 사실이 바로 이것이었다.

갈라파고스는 1535년 파나마 주교로 있던 에스파냐의 토마스 데 베를랑가가 처음으로 발견했다. 당시 남아메리카는 1520년 에스파냐의 에르난 코스테스가 아즈텍 문명을 멸망시키면서 정복당해 식민지화되고 있었다. 에스파냐의 국왕 카롤로스 1세가 당시 정복한 페루의 상황을 알아보기 위해 베를랑가를 파견했고, 항해 도중 풍랑을 만나 정박하게 된 곳이 바로 갈라파고스였다. 발견 당시만 해도 무인도였으며 커다란 거북이 많이 살고 있어서 '갈라파고스'라고 이름을 붙인 것이다. 이후 갈라파고스는 영국 해적의 은신처, 포경선의 기지로 이용되었으며 1832년 에콰도르의 영토가 되었다. 에콰도르는 갈라파고스 섬에 죄수들을 정착시켰고 몇몇 농부들도 이주시켰다. 1835년 찰스 다윈이 다녀갔고 1900년대 초반 유럽의 정착인들도 갈라파고스에 이주해서 인구가 계속해서 늘었고 2021년 기준 3만 명이 되었다.

갈라파고스는 섬이 생긴 이후로 바다사자와 물개 같은 포유류를 비롯해서 조류와 파충류 등 독특한 동물 생태계를 이루었다. 해산 포유류와 조류는 바다와 하늘을 통해 갈라파고스에 정착할 수 있었지만 이구아나와 거북 같은 파충류는 생사가 걸린 표류 끝에 정착하게 된 외래 동물이다. 살아남은 동물들이 수백만 년 지나면서 진화하여 종이 분화되었고 지금의 자연사 박물관이 만들어진 것이다.

지금 갈라파고스는 또 다른 외래 동물 때문에 위기에 처해 있다. 사람들이 이주해 오면서 커피, 사탕수수, 옥수수, 감자 등을 재배하기 위해 숲을 개간하고, 소, 돼지, 닭 같은 가축도 기르게 되었다. 갈라파고스는 도로가 뚫리고 배는 물론이고 비행기가 운행되는 최고의 관광지가 되었다. 오랫동안 자신들만의 왕국에서 살아온 바다사자, 거북, 이구아나, 핀치는 새로운 외래 생물에게 자리를 내주는 형편이 되었다. 이들은 인간과 함께 들어온 개와 고양이라는 새로운 천적을 만나게 되었다. 뿐만 아니라 개미와 파리도 이들을 위협하는 존재가 되었다.

식물 또한 예외는 아니다. 작물이 들어오면서 외래 식물도 들어오게 되었다.

갈라파고스는 찰스 다윈에 의해 진화론의 고향이 되었지만, 외래 생물 때문에 토착 생물이 어떤 피해를 입는지 보여 주는 현장이기도 하다. 외래 생물이 사람에게 어떤 피해를 주는지 극명하게 알려 주는 또 다른 사건이 있다.

1835년 찰스 다윈은 비글호를 타고 남아메리카를 탐사한 뒤, 1859년 『종의 기원』을 출판했다.

현재 갈라파고스의 모습. 갈라파고스의 많은
동물들에게 위협적인 존재는 사람과 함께 들어
온 외래 동물인 개와 고양이다.

500만 명 대 500명+α

1520년 에스파냐의 에르난 코르테스가 이끄는 함대가 유카탄반도에 상륙했다. 유카탄반도는 멕시코 남동부에 있는 반도로 당시는 아즈텍 문명으로 발달한 문화를 자랑하는 곳이었다. 아즈텍 문명은 정치, 종교, 경제, 문화, 과학 등 고도로 발달한 왕국을 이루고 있었다. 그런데 코스테스 함대의 침략으로 1년도 채 안 되는 기간에 완전히 멸망하고 말았다. 인구 500만 명의 왕국이 500여 명의 군대에 허무하게 패하고 만 것이다.

코르테스의 군대가 가지고 있던 무기는 총, 대포, 말이었다. 아무리 막강한 무기가 있다 하더라도 이런 일이 어떻게 가능했을까? 코르테스 군대에게는 아즈텍 원주민에게 없었던 플러스알파 α가 있었다. 그것은 바로 '천연두'다. 천연두는 '두창'이라고도 부르며 천연두 바이러스에 의해 감염되는 전염병이다. 고열과 온몸에 발진이 나타나면서 사망하게 되는 전파력이 강한 전염병으로 영국의 의사 에드워드 제너가 종두법을 시행하기 전에는 대유행을 되풀이하며 수많은 사망자를 냈다.

1492년 콜럼버스가 신대륙을 발견하면서 유럽의 천연두가 아메리카로 전파되었다. 아즈텍 문명이 꽃을 피우던 멕시코 일대도 에르난 코스테스 군대가 천연두를 전파하면서 수많은 원주민이 사망했고 아즈텍 왕국도 멸망하고 말았다. 유럽 사람들은 천연두

바이러스에 대한 면역력이 있었지만 원주민들은 그렇지 못했기 때문에 속수무책으로 죽었다. 바이러스 또한 원주민에게는 외래 생물이다. 총과 대포 같은 무기도 창과 칼로 맞서는 원주민에게는 넘을 수 없는 벽이었겠지만, 외래 생물이며 보이지 않는 바이러스야말로 주된 멸망의 원인이 되었다.

아즈텍 문명을 멸망시킨 에스파냐 사람들은 이곳에서만 자생하는 감자, 토마토, 고추, 고구마 등을 유럽으로 가지고 갔다. 유럽의 입장에서 이런 작물들은 외래 생물이었다. 유럽 사람들이 진정으로 원하는 작물은 인도에서 자라는 후추였고, 콜럼버스가 아메리카 대륙을 발견하게 된 이유는 후추를 찾으러 항해를 했기 때문이다. 콜럼버스 일행이 도착한 곳은 인도가 아니라 아메리카였지만, 그들에게는 아메리카 대륙이 인도나 마찬가지였다. 그래서 아메리카 대륙의 원주민들이 인디언이 되었고, 찾지 못한 후추 대신 고추를 가지고 가면서 '레드 페퍼red pepper'라고 이름을 붙였다.

1492년 아메리카 대륙을 발견한 콜럼버스가 후추 대신 유럽으로 가져 간 것이 고추였다. 그래서 고추의 영어 이름이 'red pepper'가 되었다.

유물로 남아 있는 아즈텍 문명. 한때 문명
을 꽃피웠던 아즈텍은 유럽인의 침입으로
멸망하고 지금은 유적지만 남아 있다.

유럽으로 가져간 감자, 토마토, 고추, 고구마는 우여곡절 끝에 외래 식물로서 유럽에 정착하게 되었고 유럽인에게 없어서는 안 될 귀중한 작물이 되었다. 처음에는 꽃이 아름다워 왕실에서만 재배했던 감자는 국민의 굶주림을 해결해 주었고, 나아가 그 에너지로 다른 대륙에 식민지를 건설했다. 외래 생물이 하나의 왕국을 멸망시키기도 하고 번성하게도 한 것이다.

외래 생물이 무엇이기에 인류의 역사를 좌지우지할까? 외래 생물은 인류에게 어떤 영향을 미치고 있을까?

차례

외래 동식물, 어떤 종들이 있을까?

1부

우리나라의 대표 외래 동식물

겨우내 얼었던 땅이 봄바람에 풀리기 시작하면 여기저기 봄꽃이 얼굴을 내민다. 하얀 냉이의 꽃, 노란 꽃다지의 꽃, 보라색 제비꽃의 꽃, 빨간 광대나물의 꽃. 이 꽃들 사이에 크고 둥글고 노란 꽃이 땅바닥을 뒤덮는다. 바로 민들레의 꽃이다. 민들레는 겨울이 되기 전에 싹이 터 잎을 내고 땅바닥에 바싹 달라붙어 있다가 봄이 되면 노란 꽃을 피운다. 500원짜리 동전만 하게 둥글게 피지만 사실은 여러 개의 꽃이 하나하나가 모여 핀 것이다. 민들레는 집 근처, 길가, 논이나 밭둑, 보도블록의 틈새, 심지어 포장도로의 갈라진 틈 사이로도 노란 꽃을 피운다. 그래서 민들레를 꿋꿋하게 생명을 이어 가는 성실한 꽃으로 생각하며 위안을 얻기도 한다.

그러나 이렇게 흔하게 볼 수 있는 민들레는 우리나라 토종 민들레가 아니라 서양민들레다. 원산지는 유럽이고 서양에서 들어왔다고 해서 '서양'이라는 이름이 민들레 앞에 붙은 것이다. 서양민들레와 아주 똑같지만 씨앗의 색깔이 붉은빛을 띠는 붉은씨서양민들레도 있다. 도시에서는 붉은씨서양민들레가 더 흔하고 농촌에서 많이 자라는 것이 그냥 서양민들레다. 서양민들레의 씨앗은 갈색을 띤다. 똑같이 노란 꽃을 피우는 토종 민들레는 쉽게 볼 수 없는 희귀종이 되었다. 분명 서양민들레가 없을 때는 그 자리를 토종 민들레가 차지하고 있었을 텐데 말이다.

서양민들레는 일제 강점기인 1921년 '세이요우단포포'라는 일본 이름으로 알려지기 시작했다. 일본에서는 1860년대 초에 유럽에서 식용으로 도입했다고 한다. 따라서 처음에는 재배하던 것이 각지로 퍼져 나간 경우다. 우리나라에 언제 들어왔는지는 확실하지 않으나 일본인 모리 다메조의 『조선식물명휘』1921년에 세이요우단포포가 서울 지역에만 분포하고 있다는 기록으로 보아 1910년대쯤 온 것으로 추정하고 있다. 일본 이름을 그대로 번역해 서양민들레로 부르게 되었다. 이후 서양민들레는 빠르게 퍼지기 시작했고 급기야 토종 민들레의 자리를 차지하고 말았다. 토종 민들레는 봄부터 가을까지 꽃이 피는 서양민들레와 달리 4~5월에 꽃이 피며 꽃의 색깔도 서양 민들레보다 옅은 노란색이다. 토종 민들레와 서양민들레를 구별하는 방법은 노란 꽃들을 감싸고 있는 바깥쪽 꽃덮이 조각이 젖혀져 있는지를 보면 된다. 토종 민들레는 젖혀져 있지 않지만 서양민들레는 젖혀져 있다.

2019년 11월부터 시작된 코로나바이러스감염증COVID-19으로 해외여행이 줄어들자 사람들은 국내 여행으로 발길을 돌렸다. 우

서양민들레(위쪽)와 붉은씨서양
민들레(오른쪽). 토종 민들레를
대신해서 도시에서 볼 수 있는
외래 식물이다.

꽃덮이 조각이 젖혀지지 않는 토
종 민들레(위쪽)와 젖혀진 서양
민들레(왼쪽)

리나라의 유명 관광지에서 흔히 볼 수 있는 것이 분홍색 바다를 연상하게 하는 '핑크뮬리'다. 아주 넓은 지역을 한 가지 색깔로 덮고 있는 식물은 그 자체로도 볼거리를 제공한다. 핑크뮬리는 미국이 원산지고 영어 이름인 Pink Muhly를 그대로 읽는 것으로 우리말로는 '분홍쥐꼬리새'라고 한다. 볏과의 여러해살이풀로 작은 이삭들이 모여 커다란 이삭을 만드는데 이삭의 색깔이 분홍색 또는 자주색을 띤다. 보통 볏과 식물들의 이삭은 벼처럼 녹색을 띠었다가 영글면 누렇게 변한다. 그런데 핑크뮬리는 이삭이 생길 때부터 분홍색을 띠기 때문에 관상용으로 심어 기른다. 그것도 아주 넓은 면적에 심어 분홍색 바다를 만들어 버린다.

분홍쥐꼬리새와 비슷하지만 처음 패는 이삭의 색깔이 녹색인 '쥐꼬리새'가 있다. 쥐꼬리새는 우리의 토종 식물로 이삭의 모습이 쥐의 꼬리를 닮아서 이름을 쥐꼬리새라 붙였고, 일본 이름 네주미가야鼠茅를 그대로 번역한 것이기도 하다. 쥐꼬리새속의 속명인 뮬렌베르기아Muhlenbergia는 독일 태생 미국의 식물학자인 고틸프 뮬렌베르크의 이름을 기념하기 위해 붙인 것이다. 애칭 이름에서 뮬리Muhly라는 말이 나왔다. 민들레라는 식물에 토종 민들레가 있고 서양민들레가 있듯이 쥐꼬리새에도 토종 쥐꼬리새가 있고 분홍쥐고리새가 있다. 쥐꼬리새는 뮬리또는 저패니스 뮬리, 분홍쥐꼬리새는 핑크뮬리라고 부른다.

2019년 12월 환경부 소속 국립생태원이 핑크뮬리를 생태계 위해성 평가에서 2급으로 지정하고 재배 자제 권고를 내렸다. 위해성 평가에서 1급으로 지정된 생물은 수입, 유통, 재배 등이 금지되고 '생태계 교란 생물'로 관리된다. 2급은 현재로서는 위해성이 밝혀지지 않았으나 위해를 줄 수도 있어 감시를 해야 하는 생물이다. 3급은 관리 대상에서 제외되는 생물이다. 핑크뮬리가 2급으로 평가되면서 일부 재배지에서는 핑크뮬리를 갈아엎기도 하고 이 식물의 재배 계획을 취소하기도 했다. 핑크뮬리가 지금은 생태계를 교란하는 식물은 아니지만, 관리를 하지 않으면 언젠가 씨앗이 퍼져 다른 식물의 성장에 방해를 줄 수도 있다.

핑크뮬리는 비교적 최근인 2014년에 조경용으로 기르기 위해 들여왔다. 그동안 흰색, 노란색, 붉은색 식물 군락을 보아 왔던 사람들에게 분홍색 군락은 환상적으로 비춰졌다. 관광지에서 앞을 다투어 핑크뮬리를 심기 시작했다. 하지만 이제는 생태계 위해성 평가로 관리 대상 식물이 되었다.

황소개구리는 1970년대 초 새마을 운동 당시 식용을 목적으로 일본에서 들여왔다. 미국과 캐나다가 원산지인 황소개구리는 우리나라의 보통 개구리보다 3~4배 크고 황소 울음소리를 내기 때문에 이런 이름을 붙였다. 식용으로 들여오기는 했지만 개구리를 먹는다는 혐오감과 맛이 그리 뛰어나지 않았기 때문에 인기를 끌지 못했다. 그래서 조금씩 버려진 황소개구리가 퍼지기 시작했다. 생태계의 먹이 사슬은 보통 풀-메뚜기-개구리-뱀-독수리로 연결된다. 즉 뱀이나 새가 개구리를 잡아먹는 것이 자연스러운 일

분홍색 물결을 연출하고 있는 핑크뮬리.

성인의 손과 비교하면 황소개구리가
얼마나 큰지 짐작할 수 있다.

인데 황소개구리는 드물기는 하지만 박새 같은 작은 조류, 들쥐와 같은 작은 포유류도 잡아먹고 작은 뱀까지도 잡아먹는다고 보도되었다. 황소개구리는 몸집이 커서 닥치는 대로 잡아먹는다.

정부와 지방자치단체는 황소개구리 퇴치 작업에 인력을 투입하고 나섰다. 지금은 메기, 가물치, 너구리 등 황소개구리 천적들의 활약으로 그 수가 많이 줄어들었다.

뉴트리아는 1984년 아르헨티나에서 들어왔다. 남아메리카의 고유종으로 고기 맛이 좋고 모피의 감촉이 좋아 전 세계로 퍼져 나갔다. 처음 들어왔을 때는 우리나라의 추운 날씨에 적응하지 못해 모두 죽고 말았다. 이후 불가리아에서 100마리를 수입해서 식용과 모피 생산을 위해 기르기 시작했다. 그런데 설치류를 먹는다는 거부감으로 식용성이 떨어지자 사육장을 탈출하거나 방생한 개체들이 점차 생태계에 유입되었다.

뉴트리아는 쥐목 뉴트리아과에 속하며 몸길이가 보통 50cm 정도 되고 꼬리 길이는 약 30cm로 커다란 쥐와 비슷하여 늪너구리 또는 물쥐라고도 부른다. 물갈퀴가 있어 하천이나 연못에서 사는 데 적합하고 수중 식물의 잎, 줄기, 뿌리를 주로 먹으며 작은 곤충도 잡아먹는다. 임신 기간은 2~3개월이고 한배에 5~10마리의 새끼를 낳는 등 번식력이 왕성하다. 사육장을 탈출하여 생태계에 유입된 뉴트리아는 군집을 이루며 빠르게 퍼져 나갔고 연못이나 하천 주변의 식물을 초토화시켰다. 급기야 2009년 생태계 교란 야생 생물로 지정되어 관리와 규제를 하게 되었다.

뉴트리아의 개체수를 조절하지 않으면 문제점이 몇 가지 발생한다. 첫째 하천과 연못이 자정 능력을 잃게 된다. 수생 식물이 있어야 하천이나 연못이 자정 능력을 갖게 되는데 뉴트리아가 뿌리까지 먹어 치우면 수생 식물이 활약을 할 수 없게 된다. 실제로 뉴트리아가 풀을 뜯어 먹고 지나간 자리는 고스란히 피해를 입게 된다. 현재 뉴트리아는 낙동강 하류 일대에 전국 뉴트리아의 90% 정도가 서식하고 있다.

둘째 하천과 연못이 피해를 입으면서 토종 물고기들의 산란에 문제가 생긴다. 물고기들이 대부분 수중 식물에 알을 낳기 때문이다.

셋째 농작물 피해가 생긴다. 먹을 것이 부족하면 뉴트리아는 어린 벼까지도 먹어 치운다.

넷째 뉴트리아는 하천이나 연못 또는 논둑에 굴을 파고 사는데 굴의 길이가 7~8m나 되기 때문에 장마철에 둑이 무너져 침수되기도 한다. 따라서 환경부에서는 꾸준히 뉴트리아 퇴치 작업을 이어 가고 있다.

지금까지 이야기한 서양민들레, 핑크뮬리, 황소개구리, 뉴트리아는 원래 우리나라에 살고 있었던 동식물이 아니다. 이들은 인위적으로 어떤 목적을 가지고 외국에서 들여온 것이다. 이런 동식물을 '외래 동식물'이라고 한다.

뉴트리아는 커다란 쥐와 비슷하여 늪너구리
또는 물쥐라고도 한다. 주로 남아메리카에
서식하는데 식용과 모피를 위해 수입한
종이다.

2장

외래 동식물에 밀려난 토종 동식물

우리나라에 살고 있는 거북 종류는 남생이와 자라가 있다. 남생이는 거북목 늪거북과이고 자라는 거북목 자랏과에 속한다. 생물학적으로 과科가 다르기 때문에 개식육목 갯과 와 고양이식육목 고양잇과 만큼이나 다르다. 하지만 우리 조상들은 남생이와 자라를 보통 민물 거북으로 보았다. 물론 한자로는 남생이를 거북 구龜, 자라를 자라 별鼈로 구분했다. 그렇기 때문에 '거북아, 거북아, 머리를 내어라.'라고 읊었던 구지가龜旨歌에 나오는 거북은 남생이라고 할 수 있다.

자라는 전 세계에 25종 정도가 서식하고 있지만 우리나라에는 1종만 살고 있다. 주둥이가 대롱 모양으로 뾰족하고 등딱지가 부드러워 남생이와 구별된다. 남생이는 등딱지가 딱딱하고 주둥이가 보통 거북처럼 뭉툭하다. 자라와 남생이는 예로부터 몸보신에 좋다하여 남획을 당했고 그중 남생이의 개체 수가 많이 줄어들어 2005년 천연기념물 453호로 지정되었고, 2012년 멸종 위기 야생 동물 2급으로 지정되어 보호받고 있다.

그런데 또 다른 이유 때문에 남생이와 자라의 개체수가 줄어들고 있다. 바로 붉은귀거북의 등장 때문이다. 붉은귀거북은 미국이 원산지로 미시시피강 유역에 주로 서식한다. 이 거북은 애완 거북으로 수입하면서 우리나라에 들어오게 되었다. 붉은귀거북은 수족관 안에서 헤엄치는 모습과 등딱지 속으로 머리를 쏙 넣는 것을 좋아하는 사람이 많이 사서 길렀다. 그런데 시간이 지날수록 점점 커지고 수명도 길어 유기하게 되었고, 종교 행사에서 붉은귀거북을 방생하면서 생태계에 유입되기 시작했다. 붉은귀거북은 특별한 천적이 없고 엄청난 식성을 가지고 있어 개체수가 급격하게 늘어나게 되었다.

붉은귀거북은 곤충, 달팽이, 새우를 비롯해서 물풀 등 보이는 것을 닥치는 대로 먹어 치웠고 특히 토종 물고기가 큰 피해를 입게 되었다. 보통 20년 정도 사는데 때로는 30년을 넘게 살기도 한다. 이렇게 개체수가 늘자 토종 남생이와 자라의 서식지를 차지해 버렸고 급기야 2001년 생태계 교란 야생 생물로 지정되어 관리하고 있으며 수입이 금지되었다. 붉은귀거북은 눈 뒷부분에 붉은 줄이 있어 '붉은귀거북'이라는 이름을 붙였고 전체적으로 푸른빛을 띠고 있어 '청거북'이라고도 부른다.

우리가 흔히 말하는 붉은귀거북은 분류학적으로는 늪거북과 붉은귀거북속에 속한다. 붉은귀거북이라는 종에는 3종 아종이 있다. 붉은귀거북, 노란배거북, 컴벌랜드거북이다. 붉은귀거북은

남생이는 외래종인 붉은귀거북에게 서식지를 빼
앗기고 개체 수가 줄어 2005년 천연기념물 453
호로 지정되었고, 2012년 멸종 위기 야생 동물
2급으로 지정되었다.

눈 뒷부분에 붉은 줄이 있어 붉은귀거북이라는 이
름을 붙였고, 전체적으로 푸른빛을 띠고 있어 '청
거북'이라고도 부른다.

눈 뒷부분에 붉은색 줄이 있기 때문에 다른 거북과 잘 구별된다. 영어 이름도 red-eared slider이며 slider는 민물 거북이라는 뜻이다. 붉은귀거북속의 모든 종은 생태계 교란 야생 동물로 지정되어 있다.

붉은귀거북 대신에 애완용과 관상용으로 수입한 것이 리버쿠터와 페닌슐라쿠터다. 쿠터cooter는 미국 남부와 멕시코 북부에서 서식하는 '늪거북'이라는 뜻이다. 리버쿠터와 페닌슐라쿠터 모두 늪거북과 쿠터속에 속하는 종들로 붉은귀거북속의 거북과 유사하게 생겼다. 붉은귀거북은 리버쿠터와 페닌슐라쿠터와 아주 비슷하다. 물론 붉은귀거북은 눈 뒤에 붉은색 선이 있어 구별되지만 전체 모습은 같다. 리버쿠터와 페닌슐라쿠터의 구별 방법은 색깔과 무늬를 보는 것이다. 리버쿠터는 무늬가 비교적 복잡하며, 무늬의 색은 연하다. 리버쿠터의 배에는 무늬가 있는데 페닌슐라쿠터는 무늬가 없기 때문에 이를 가지고 구별할 수 있다. 이들과 아주 비슷한 거북 중에 플로리다붉은배거북이 있다. 레드밸리쿠터라고도 하는 이 거북은 이름 그대로 붉은색 띠무늬가 돋보이기 때문에 쉽게 구별할 수 있다. 그런데 플로리다붉은배거북도 2020년 생태계 교란 야생 동물로 지정되어 수입이 금지되자 수입업자들은 페닌슐라쿠터로 대체하기에 이르렀다. 이렇게 무분별하게 수입하고 방치되는 거북류 때문에 우리의 남생이와 자라가 서식처를 잃어 쉽게 볼 수 없는 희귀 동물이 되고 말았다.

꽃매미는 우리가 알고 있는 매미의 종류가 아니다. 보통 매미 종류는 매밋과지만 꽃매미는 꽃매밋과로 과科가 다르다. 과는 다르지만 상위 분류 항목인 목目이 같다.

1932년 일본의 곤충학자가 최초로 우리나라에 꽃매미가 서식했다는 기록을 남겼다. 꽃매미는 '주홍날개꽃매미'라는 명칭으로 알려져 있었지만 2010년부터 '꽃매미'를 정식 명칭으로 써 오다가 2019년부터는 다시 주홍날개꽃매미로 바뀌었다. 현재는 다시 '꽃매미'로 정해졌다. 기존에 꽃매미라 부르던 종은 희조꽃매미가 되었다.

꽃매미는 가죽나무 수액을 좋아하여 가죽나무가 있는 곳이라면 무리 지어 생활하며 특히 포도나무 열매에 많은 피해를 입힌다. 우리나라뿐만 아니라 중국, 베트남, 인도, 미국에서 심각한 피해를 일으킨다고 알려져 있다. 애벌레와 어른벌레가 나무의 즙을 빨아 먹어서 피해를 끼치는 것은 물론이고 무리 지어 살기 때문에 많은 양의 분비물로 인한 피해도 심각한 실정이다.

색깔이 화려한 꽃매미에 비해 전체적으로 갈색을 띠는 희조꽃매미는 날개에 있는 구름무늬가 특징인데 꽃매미에 밀려 보기 드문 곤충이 되었다. 꽃매미는 날개를 접었을 때는 흑갈색의 얼룩무늬가 있어 주변 나무의 색깔과 비슷해 보호색을 띠며, 날개를 펴면 뒷날개 시작 부분이 선명한 붉은색을 띠어 희조꽃매미와 쉽게 구분할 수 있다. 희조꽃매미의 뒷날개는 주황색을 띤다. 머리는 앞쪽이 모서리처럼 수직으로 좁게 발달해 있고, 뒤쪽으로 휘어져 있

나무 줄기에 떼 지어 앉아 수액을 빨아먹는 꽃매미. 포도나무와 같은 과실수에 막대한 피해를 입힌다.

는 독특한 모양을 하고 있다. 몸길이는 약 10mm이며 날개를 펴면 30~50mm에 이른다.

꽃매미는 과수에 피해를 끼치기도 하지만 사람에게 달려들기도 한다. 도시에서도 자주 출현하는데 기주 식물인 가죽나무가 도심에서도 잘 살기 때문이다. 버려진 땅, 폐건물, 공사장 인근에서도 가죽나무가 잘 자라기 때문에 꽃매미가 대거 출현하여 피해를 주고 있다. 이에 환경부는 2012년 곤충류로는 처음으로 꽃매미를 생태계 교란 야생 생물로 지정했다. 기주 식물의 줄기에서 수액을 빨아먹어 나무줄기와 입에 그을음병과 마름병을 유발하며, 포도 같은 과실의 열매즙을 빨아먹어 상품성을 떨어뜨리는 등, 생태계 교란 및 농작물에 심각한 피해를 준다는 이유에서 지정했다. 꽃매미는 2004년 천안에서 처음 목격되었고, 2009년 남쪽으로는 전남 장성, 경북 경산, 북쪽으로는 강원 홍천으로 확산되었다. 2010년 제주, 강원, 경기 일부를 제외하고 전국에서 발생하고 있다. 도로나 차량 등 교통수단에 의한 확산, 바람의 영향이나 수계의 흐름을 이용해 유입된 것으로 보이며, 좋아하는 나무의 서식지를 따라 확산되고 있는 것으로 추정된다.

미국자리공은 미국이라는 말이 들어가 있는 것처럼 북아메리카가 원산지이며 자리공과에 속하는 여러해살이풀이다. 굵은 뿌리에서 매년 줄기가 나오고 윗부분에서 많이 갈라진다. 줄기는 붉은색이 강한 자주색이어서 눈에 잘 띄며 보통 1~1.5m로 자라지만 서식 환경에 따라 2m 이상으로 자라기도 한다. 6~9월에 붉은 빛이 도는 흰색 꽃이 피고 녹색으로 맺은 열매가 붉은색이 강한 자주색으로 익는다. 문헌에는 미국자리공이 17세기에 우리나라에 들어와 귀화했다고 적혀 있다.

보통 개화기인 1890년대 이전에 귀화한 식물을 고귀화 식물이라 하는데 대표적인 예가 미국자리공이다. 우리나라에서 볼 수 있는 자리공속의 식물은 자리공, 섬자리공, 미국자리공이 있다. 자리공은 중국이 원산지인데 아주 오래전에 우리나라에 들어와 자리를 잡고 살았다. 자리공은 한자로 상륙商陸이라고 하는데 식용과 약용으로 심어 기르기 위해 들여온 것으로 보인다. 독성이 있어

미국자리공은 북아메리카가 원산지이며 자리공과에 속하는 여러해살이풀로 17세기에 우리나라에 들어온 이후 전국으로 퍼졌다.

어린잎은 데쳐서 먹어야 한다.

　미국자리공 또한 독성 식물이지만 약용으로 이용할 수 있다. 미국자리공은 수서상륙垂序商陸이라고도 하는데 수서는 꽃대가 아래로 처지는 것을 말한다. 미국자리공은 꽃대가 아래로 처지고 자리공은 처지지 않아 쉽게 구별할 수 있다. 섬자리공은 울릉도에서만 드물게 서식하고 있다.

　미국자리공은 대표 외래 식물이며 귀화 식물로서 우리 고유 자라공을 밀어내고 자리를 차지한 나쁜 식물의 대명사로 알려져 있다. 하지만 미국자리공은 식용, 약용, 유용 식물로 이용 가능성이 많은 식물이다. 오히려 황폐해진 땅, 공터, 집 주변에 녹색　자

까맣게 잘 익은 미국자리공의 열매. 미국자리공은 식용, 약용, 유용 식물로 이용 가능성이 많고 겨울에 먹이가 부족한 새들에게도 좋은 식량 자원이 된다.

원을 제공해 주고 있다. 미국자리공은 식용과 약용은 물론 비누가 없었던 시대에 빨랫비누로 이용되었고, 천연 살충제로도 사용되었다. 미국자리공의 열매는 겨울을 준비하는 새들에게도 좋은 식량 자원이 된다. 미국자리공을 영어로 pigeonberry라고 하는 것을 보면 특히 멧비둘기나 직박구리와 같은 새들에게 먹이를 제공한다는 사실을 알 수 있다.

미국쑥부쟁이 역시 미국에서 귀화했으며 쑥부쟁이를 닮은 데서 이름이 붙여졌다. 북아메리카가 원산지이며 국화과에 속하는 여러해살이풀인 미국쑥부쟁이는 한국 전쟁 당시 군수 물자에 섞여 들어왔으며 1980년대에 경기도 포천과 강원도 춘천 일대에 정착하여 서식하고 있음이 밝혀져 신귀화 식물로 분류되었다. 신귀화 식물은 보통 1890년 이후에 귀화한 식물을 말한다. 미국쑥부쟁이는 척박한 땅이나 경작하지 않고 버려진 땅, 인간에 의해 파헤쳐진 곳에서도 잘 자란다. 또 뿌리가 굵고 짧아 한번 정착한 곳에서는 계속해서로 싹을 틔우며 서식처를 확장해 간다. 줄기의 아랫부분은 목질화되며 바로 서서 자라지만 줄기가 계속 자라면서 윗부분이 처져 커다란 다발을 이룬다. 꽃은 9~10월에 피는데 다른 국화과의 식물들처럼 설상화꽃잎이 긴 혀처럼 바깥쪽으로 나와 있는 꽃와 통상화안쪽에 있는 통 모양의 꽃가 모여 하나의 꽃처럼 보인다.

미국쑥부쟁이는 쑥부쟁이를 닮았다. 하지만 쑥부쟁이와 국화과인 것은 같지만 속명이 다르다. 미국쑥부쟁이는 참취와 같은 참취속에 속하지만, 쑥부쟁이는 개쑥부쟁이, 가새쑥부쟁이 등과 같이 쑥부쟁이속에 속한다. 잎은 쑥의 잎을 닮았고, 꽃의 생김새가 참취의 꽃과 닮아 취나물 종류를 이르는 사투리인 '부지깽이나물' 또는 '부쟁이'를 붙여 쑥부쟁이가 되었다.

쑥부쟁이와 미국쑥부쟁이는 쉽게 구분할 수 있다. 쑥부쟁이의 설상화는 연보라색을 띠며 미국쑥부쟁이보다 크다. 미국쑥부쟁이의 설상화는 흰색이고 가지와 줄기 끝에 달리는데 쑥부쟁이보다 많이 달린다. 따라서 희고 작은 꽃이 다닥다닥 피어 있으면 미국쑥부쟁이라고 보면 된다.

보통 문헌에는 미국쑥부쟁이의 꽃이 9~10월에 핀다고 나오지만 햇빛이 잘 드는 곳에서는 12월까지도 피어 있는 모습을 볼 수 있을 정도로 오랫동안 꽃을 피운다.

쑥부쟁이가 숲가나 풀밭의 비교적 좋은 토양에 산다면 미국쑥부쟁이는 도로가, 집 주변까지 침범하여 자라고 있으며 지금은 우리나라의 중부 지방뿐만 아니라 남부 지방에서도 흔히 볼 수 있게 되었다. 미국쑥부쟁이는 많은 개체들이 무리를 지어 자라면서 다른 식물 특히 토종 식물의 성장을 방해한다. 꽃도 많이 피고 열매도 많이 맺는데 열매에 털이 많아 바람에 멀리 날아간다. 버려진 땅이나 척박한 땅에서도 잘 자라 황폐함을 막아 주기는 하지만 미국쑥부쟁이가 정착한 곳에는 생물 다양성이 떨어지기 때문에 2009년 생태계 교란 야생 생물로 지정되었다.

미국쑥부쟁이는 북아메리카가 원산지로
한국 전쟁 당시 군수 물자에 섞여 유입되
었다.

외래 동식물이 필요한 경우

우리나라 사람들은 주로 소, 돼지, 닭 등을 먹는다. 또한 식용하는 식물은 벼, 옥수수, 콩 등인데 이렇게 주변에서 흔히 보는 동물과 식물이 모두 우리나라에서만 자라는 고유종은 아니다. 물론 소, 돼지, 닭도 토종이 있고 벼, 옥수수, 콩도 아주 오래전부터 재배해

온 토종이 있다. 토종은 말 그대로 본디부터 그곳에서 나는 종자를 말한다. 토종 한우, 토종 돼지, 토종 닭, 토종 벼, 토종 옥수수, 토종 콩 등은 별도의 종種이 아니라 아종亞種 또는 품종品種으로 분류된다.

소는 포유강 우제목 솟과 소속에 속하며 종명은 소다. 소는 인류 역사에 있어 아주 중요한 가축이므로 쓰임새에 따라 여러 가지 품종을 개량시켜 왔다. 보통 고기소육용종, 일소역용종, 젖소유용종로 나뉜다. 일소인 한우는 우리나라의 재래종으로 오래전부터 길러 왔다. 농업 기계의 발달로 지금은 역용보다는 육용으로 많이 기르고 있다. 고기소는 스코틀랜드 원산인 앵거스, 프랑스 원산인 샤롤레, 잉글랜드 원산인 해리퍼드, 일본 원산인 와규 등이 대표적인 품종이다. 젖소 품종도 잉글랜드 원산인 건지와 저지, 북유

우리나라 사람에게 젖소 하면 떠오르는 종이 바로 홀스타인이다. 홀스타인은 유용종으로 북유럽이 원산지다.

천연기념물 제550호인 제주흑돼지와
덴마크 원산 랜드레이스(아래쪽).

럽 원산인 홀스타인이 있다. 우리나라에서는 홀스타인을 주로 기르기 때문에 젖소하면 흰색과 검은색 얼룩무늬를 지닌 홀스타인을 떠올린다. 홀스타인은 우리나라의 재래종이 아니고 외국에서 들여온 외래종이다.

돼지의 경우도 소와 비슷하다. 돼지는 포유강 우제목 멧돼짓과 멧돼지속 멧돼지종이며 돼지또는 집돼지는 아종명이다. 돼지는 소보다도 육용으로 많이 기르기 때문에 품종이 다양하다. 돼지는 약 9000년 전부터 가축화되었고, 진수의 『삼국지위서동이전』3세기과 이익의 『성호사설』18세기과 같은 문헌에 제주에서 흑돼지를 길렀다는 기록이 있다. 제주흑돼지는 천연기념물 제550호로 지정되어 있다. 우리나라에서는 일제 강점기를 거치면서 재래종 돼지가 잡종화되었지만, 재래종으로는 처음으로 혈통 등록증을 받은 강원도 '산우리재래돼지'도 있다.

돼지는 대개 육용으로 사육되며 드물게 털과 가죽을 이용하기도 한다. 소, 염소, 양 등 포유류 가축 중 젖을 이용하지 않는 동물이 돼지다. 물론 돼지의 젖을 식용했다는 기록이 없지는 않지만 돼지의 젖은 젖꼭지가 많아 짜기도 어렵고 나오는 시간도 짧아 젖을 이용하기에는 적합하지 않은 것으로 알려져 있다.

우리가 흔히 볼 수 있는 돼지는 덴마크 원산인 랜드레이스다. 잉글랜드 원산 요크셔와 버크셔, 미국 원산 햄프셔, 에스파냐 원산 이베리코 같은 품종이 있다.

닭 또한 우리나라를 비롯해 전 세계에서 사육되며 품종 또한 다양하다. 닭은 조강 닭목 꿩과 닭속 적색야계종에 속하며 닭은 아종명이다. 가축으로 기르는 조류로 전 세계에서 가장 많이 사육되는 동물이다. 닭은 성장이 빠르고 알을 많이 낳기 때문에 육용과 난용으로 주로 사육된다. 닭은 한반도에서 오래전부터 가축화되었으며 『삼국지위서동이전』에 꼬리가 긴 닭이 나온다. 『삼국유사』에도 신라에서 닭의 깃을 장식에 이용했다는 기록이 나온다. 적색야계는 아시아에서 가축화된 것으로 토종 닭이 되었다. 하지만 우리나라는 일제 강점기를 거치면서 외래종 닭들이 들어와 토종 닭과 교배되어 순수 토종 닭을 보기 힘들게 되었다. 우리가 흔히 토종 닭이라고 부르는 닭들은 대개 밖에서 풀어 기르는 닭을 말한다.

닭의 한 품종으로 온몸이 검은색인 오계는 고려 시대에 쓰인 문헌과 『동의보감』의 기록으로 보아 오래전부터 길러 왔음을 알 수 있다. 충남 논산시 연산면 화악리 307번지에서 기르는 오계는 천연기념물 제265호로 지정되어 있다.

토종 소, 토종 돼지, 토종 닭이 있지만 우리가 주로 이용하는 가축은 외래 동물이다. 모두 육용과 난용으로 외국에서 적합한 품종을 들여온 것이다. 외래 동물이 나쁘다는 선입견으로 토종만 고집한다면 수요를 감당하지 못할 것이다.

외래 식물도 마찬가지다. 우리가 주로 먹는 곡물은 벼, 옥수수,

보통 닭이라고 하는 것은 적색야계(위쪽)의 아종 이름이다. 천연기념물 제265호로 지정되어 있는 논산시 연산면 오계(아래쪽)는 뼈가 검은색인 오골계와 다른 종이다.

누렇게 익어 가는 벼.

콩이다. 벼의 경우는 전 세계에서 곡물로 많이 재배하고 있으며 약 6500년 전부터 전 세계에서 거의 동시에 벼농사가 시작된 것으로 알려져 있다. 그런데 1991년 5월 김포시에서 기원전 2100년 경으로 추정되는 볍씨가 발견되었고, 같은 해 6월 고양시에서 기원전 2300년경의 볍씨가 출토되었다. 그러다가 1998년 충북 청주시 흥덕구 옥산면 소로리 구석기 유적지에서 볍씨가 출토되었는데 방사선 탄소 연대 측정 결과, 1만 3000년~1만 6000년 지난 것으로 나왔다. 이 사실은 국제 학술 대회에 보고되었고, 2016년 국제 고고학 개론서 개정판에 쌀의 기원지가 한국이며 연대는 1만 3000년으로 개정되어 출간되었다. 이렇게 재배 벼는 우리나라가 기원지로 인정받고 있지만 벼의 아종을 가리키는 학명에는 인디카*indica*, 자포니카*japonica*, 자바니카*javanica*가 붙어 있다. 인디카는 인도, 자포니카는 일본, 자바니카는 인도네시아를 의미한다.

전 세계 쌀의 90%는 인디카이고 10%는 자포니카다. 자바니카는 자포니카에서 세분화된 아종으로 보고 있으며 이런 아종의 분류는 명확한 것이 아니다.

인디카는 우리가 보통 안남미라고 부르는 동남아시아에서 볼 수 있는 길쭉한 쌀이고, 우리나라에서 흔히 먹는 쌀은 자포니카로 둥글고 굵은 모양을 하고 있다. 벼는 전 세계에서 많이 소비되는 곡물이기 때문에 품종 개량이 활발하게 이루어지고 있으며 자포니카와 인디카를 교배한 수많은 품종이 재배되고 있다. 따라서 벼에 대해서는 토종 벼와 외래종 벼를 따지는 것조차도 어려운 일이다. 아주 오래전부터 재배하고 소비해 온 벼는 새로운 외래종 벼가 들어온다 해도 생태계에 교란을 일으킬 가능성이 없어 보인다.

옥수수는 남아메리카가 원산지인 볏과의 한해살이풀이다. 옥수수가 벼, 보리, 밀 등과 같은 볏과라는 사실이 특이하게 보이지만 식물분류학적으로 보면 벼와 생김새가 비슷하다. 옥수수는 멕시코, 페루 등 라틴 아메리카가 원산지인 만큼 마야 문명이 가능하도록 한 귀중한 식량 자원이었으며, 아즈텍 제국과 잉카 제국이 만들어지는 데 결정적인 역할을 했다.

옥수수는 테오신테teosinte라고 하는 야생 풀을 오랫동안 개량한 것으로 멕시코 남부에서 약 1만 년 전 원주민이 경작했다고 알려져 있다. 1492년 아메리카 대륙을 발견한 콜럼버스에 의해 옥수수가 에스파냐에 전해졌으며 그 뒤 빠르게 전 유럽에서 재배되었다. 16세기 초에 인도를 통해 중국에 전해졌고 16세기에 중국을 통해 우리나라에도 들어오게 된 외래종 작물이다.

옥수수는 벼, 밀과 함께 전 세계에서 재배하는 작물이기 때문에 품종도 많다. 옥수수는 사람에게도 귀중한 식량 자원이지만 가축의 식량 또는 공업용과 바이오 에너지 자원으로도 이용된다. 그래서 옥수수는 종자의 생김새와 특징에 따라 8가지 종류로 나뉜다. 마치종dent corn은 말의 이빨처럼 표면이 움푹 들어가 있고 수확량이 많아 사료와 공업용으로 주로 이용한다. 경립종flint corn은 표면이 둥글고 수확량은 마치종보다 적지만 맛이 좋아 식

옥수수는 테오신테라고 하는 풀을 오랫동안 개량해서 만들었다.

용으로 사용한다. 감미종sweet corn은 단맛이 강하고 식감이 부드
러워 식용 또는 통조림용에 적합하다. 폭립종pop corn은 영어 이름
에서 알 수 있듯이 바로 식용하지 않고 팝콘으로 이용한다. 연립
종soft corn은 껍질이 부드럽고 녹말이 많아 전분을 이용하기에 적
합하다. 연감종starchy-sweet corn은 연립종과 감미종의 중간 성질

콩은 종류가 많지만 보통 콩이라고 하면 대두를 말한다.

을 지니고 있다. 나종waxy corn은 끈끈한 찰기가 있어 찰옥수수라
고 하며 떡을 만드는 데 이용한다. 유부종pod corn은 씨알 하나하
나가 껍질에 싸여 있어 지금은 거의 재배하지 않는다.

　콩은 콩목 콩과 콩속에 속하며 콩이라는 이름은 종명이다. 우
리가 주로 식용하는 콩의 종류는 강낭콩, 완두콩, 땅콩, 녹두, 동
부, 팥 등이 있는데 이것은 콩의 품종이 아니라 콩과 같은 콩과에
속하는 종명이다. 과科는 같지만 종種이 다르다. 씨앗의 구조는 같
지만 모양과 크기가 다르다.
　흔히 콩이라 하면 대두를 말하며 콩의 품종으로는 장단콩, 서

리태, 오리알태, 푸르대콩 등이 있다. 장단콩은 경기도 파주시 장단면 지역에서 재배하는 콩이다. 콩은 보통 콩과의 여러 가지 콩을 일컫는 말이기도 해서 대두를 의미하는 콩은 백태, 메주콩, 콩나물콩 등으로 부르기도 한다.

콩은 야생의 돌콩^{콩과의 한해살이풀}을 재배콩으로 발전시킨 것으로 보고 있으며 원산지는 중국 동북부인 만주와 한반도의 북부라는 것이 통설이다. 우리나라를 통해 일본에 전해졌다. 한반도에서는 청동기 시대에 콩을 재배한 유적이 발견되었다.

이렇게 사람들이 가축이나 작물로서 중요하게 기르는 동물이나 식물은 재래종과 외래종이 섞여 있고, 생산성이 높고 병충해에 강한 품종으로 개발하기도 한다. 우리의 토종보다 더 유용하다면 외래종이라고 해서 거부할 일은 아니다.

외래 동식물을 방치하면 일어나는 일

가축과 작물의 경우는 가장 큰 목적인 식량 생산을 위해 외국에서 품종을 들여온다. 물론 외국에서 수입하는 모든 가축과 작물은 엄격한 규제가 따른다. 그러나 식용 외 애완용 또는 관상용 동식물의 도입은 들어올 때는 관리가 되지만 이후 그 효용 가치가 떨어지거나 관리가 부실해지면 생태계로 유입될 가능성이 있다.

소, 돼지, 닭 등은 가축의 관리 부실로 생태계에 유입되는 일이 거의 일어나지 않는다. 그러나 애완용이나 식용으로 들여오는 동물은 의도적 또는 비의도적으로 생태계에 유입되어 교란종이 되기도 한다.

벼, 옥수수, 콩 같은 작물이 관리 부실로 경작지를 벗어난다 해도 생태계를 교란하는 일은 없다. 그러나 조경용으로 수입하거나 수입 물품에 섞여 들어온 식물 중에는 생태계에 유입되어 기존의 식물과 경쟁하며 교란을 일으킬 가능성이 있는 종이 있다.

생태계 교란 식물은 생태계 교란 동물보다 심각성이 덜해 보인다. 외래 동물 중 초식 동물은 서식지 주변 식물을 초토화시키며, 육식 동물은 토종 초식 동물이나 토종 민물고기를 마구잡이로 먹어 치워 생물 다양성을 해친다. 하지만 생태계 교란 식물이 토종 식물을 못살게 구는 경우는 그다지 눈에 띠지 않는다. 물론 돼지풀처럼 기존 식물에게 피해를 주는 동시에 꽃가루 알레르기를 일으켜 사람을 괴롭히는 경우를 보면 그 심각성이 커지고 있는 것도 사실이다.

그래서 환경부에서는 [생물 다양성 보전 및 이용에 관한 법률]에 따라 '생태계 교란 생물'을 지정하고 고시한다. 생태계 교란 생물은 생태계에 유입되었을 때 생태계에 미치는 영향이 큰 생물을 말하고, 위해를 미칠 우려가 있는 생물종은 '위해 우려종'으로 분

서식지 주변 식물을 초토화하는 뉴트리아.

류해 관리하고 있다. 생태계 교란 생물과 위해 우려종은 포유류, 양서류, 파충류, 어류, 갑각류, 곤충류의 경우 살아 있는 생물체와 그 알을 포함한다. 또한 식물의 경우는 살아 있는 생물체와 그 부속체_{종자, 구근, 인경, 주아, 덩이줄기, 뿌리} 및 표본을 포함한다.

우리나라에는 동식물이 5만 2,600종 정도 살고 있다. 대부분은 아주 오랜 옛날부터 이 땅에 자라는 동식물이지만, 나라와 나라 사이에 교역이 이루어지면서 외국에서 동식물도 들어오게 되었다. 이렇게 여러 가지 경로와 목적에 따라 외국에서 들어온 동식물인 외래 동식물은 2020년 기준 2,163종이 있다고 알려져 있다. 동물은 1,826종으로 포유류 202종, 조류 135종, 파충류 332종, 양서류 23종, 어류 885종, 곤충 146종, 무척추동물 103종이며, 식물은 337종이다. 물론 이 수치는 시간이 갈수록 감소보다는 증가하게 될 것이다.

외래 동식물이 우리나라에 들어오면 기존 동식물과 경쟁할 수밖에 없다. 경쟁을 하다 보면 기존 동식물에게 밀려나 개체수가 늘어나지 않는 종도 있고, 다른 서식지를 찾아 떠나는 종도 있을 것이다. 경쟁에서 이겨 기존 동식물의 자리를 차지하는 종도 있게 된다. 또한 어떤 종들은 기존 생태계를 교란시켜 생물 다양성을 떨어뜨리기도 한다. 이런 종은 생태계 교란 야생 생물이라고 한다. 생태계 교란 야생 생물은 1998년부터 지정되기 시작했으며, 2020년 기준 우리나라에는 1속 33종의 생태계 교란 야생 생물이 지정되어 관리받고 있다. 연도별 지정 현황은 〈표1〉과 같다.

연도별 생태계 교란 야생 생물 지정 현황

(표1)

지정연도(년)	동물	식물
1998	황소개구리, 파랑볼우럭(블루길), 큰입배스	
1999		돼지풀, 단풍잎돼지풀
2001	붉은귀거북속 전 종	
2002		털물참새피, 물참새피, 도깨비가지
2009	뉴트리아	애기수영, 가시박, 서양금혼초, 미국쑥부쟁이
2012	꽃매미	양미역취, 가시상추
2016		갯줄풀, 영국갯끈풀
2018	붉은불개미	
2019	미국가재, 등검은말벌	환삼덩굴
2020	리버쿠터, 중국줄무늬목거북, 악어거북, 플로리다붉은배거북, 갈색매미매미충, 미국선녀벌레, 아르헨티나개미, 긴다리비틀개미, 빗살무늬미주메뚜기	서양등골나물, 마늘냉이

환삼덩굴은 우리나라 고유종이면서 생태계
교란 야생 생물로 지정되어 있다.

이 중 환삼덩굴만 자생 식물이며 나머지는 모두 외래 동식물이다. 외래 동식물이 들어와 생태계 교란 야생 생물이 된다는 의미는 생태계에 유입되어 기존 생태계를 교란시킨다는 뜻이므로 외래 동식물에 대한 엄격한 관리가 필요한 실정이다.

생태계 교란 야생 생물은 국립생태원에서 실시하는 생태계 위해성 평가에서 1급 판정을 받은 종들이다. 1급은 생태계의 균형을 교란하거나 교란할 우려가 큰 것으로 판단되므로 조절 및 제거 관리가 필요한 생물인 경우 판정된다. 2급은 생태계 위해성이 보통이나 향후 위해성이 높아질 가능성이 있어 확산 정도와 생태계 등에 미치는 영향을 지속적으로 관찰할 필요가 있는 생물인 경우에 결정한다. 3급은 생태계 위해성이 낮아 별도의 관리가 요구되지 않는 생물일 때 선정한다.

생태계 교란 야생 생물은 이미 생태계에 유입되어 정착한 종 중에서 국내 생태계 등에 미치는 위해가 큰 종으로 환경부 장관이 지정·고지하는 종이다. 환삼덩굴을 제외한 모든 식물종이 외래 식물이며 귀화 식물이고 동물종은 모두 외래 동물이다. 외래 동물은 말 그대로 외국에서 인위적 또는 자연적으로 유입되어 그 본래의 원산지 또는 서식지를 벗어나 생육된 동물을 말한다.

위해 우려종은 국내에 유입될 경우 생태계 등에 위해를 미칠 우려가 있어 환경부 장관이 지정·고시하는 생물종이므로 모두 외래 동식물이다.

외래 동식물이 유입되어 목적에 맞게 관리 사육되고 재배된다면 괜찮지만 잘못된 관리로 생태계에 위해 또는 교란이 일어난다면 부정정인 영향을 미치게 된다.

2020년 기준 위해 우려종은 모두 128종으로 동물 81종, 식물 47종이다. 위해 우려종으로 지정된 동식물을 국내에 수입 또는 반입할 경우에는 환경부 산하 전문 기관인 국립생태원에서 '생태계 위해성 평가'를 거친 뒤 환경부 장관의 승인을 받아야 한다.

1 토종 생태계에 해를 끼치는 외래 동물과 외래 식물 중 어느 쪽이 더 해를 끼칠지 생각해 보고 그 이유를 설명해 봅시다.

2 생태계 교란 야생 생물 중 포유류는 외래 동물인 뉴트리아가 유일합니다. 뉴트리아는 번식력이 왕성하기 때문에 개체수를 조절할 필요가 있습니다. 그 방법으로 중성화 수술을 하는 방안에 대해 어떻게 생각하나요?

3 생태계에 해를 끼치는 외래 식물인 돼지풀은 알레르기를 일으킨다고 잘 알려져 있습니다. 이런 돼지풀을 없애기 위해 제초제를 사용하는 것에 관해 어떻게 생각하는지 써 봅시다.

4 우리나라 사람들이 가장 많이 먹는 김치의 주재료는 배추입니다. 배추는 조선 중기에 들어온 외래 식물이지요. 만약 배추가 들어오지 않았다면 김치의 역사가 어떻게 달라졌을지 생각해 봅시다.

우리나라의 주요 작물은 언제 어디서 왔을까?

우리나라 사람들은 벼에서 생산한 쌀을 주식으로 하고 있다. 여기에 보리·밀·옥수수 같은 곡류, 콩^{대두}·팥·강낭콩 같은 두류, 고구마·감자 같은 서^薯류, 배추·무·마늘·고추 같은 채소류를 작물로 재배하고 있다. 그렇다면 이런 주요 작물들은 언제부터 재배해 온 것일까? 처음부터 우리나라에 살고 있는 것이었을까?

우리나라 벼농사의 시작은 기존의 청동기 시대를 앞선 신석기 시대로 밝혀졌다. 경기도 고양시에서 기원전 4500~5000년의 볍씨가 출토되었기 때문이다. 경기도 여주의 유적지에서 탄화된 벼, 보리, 수수가 발견되어 벼와 보리는 아주 일찍부터 재배되었음을 알 수 있다. 밀 또한 기원전 200년 전의 유적지에서 출토되어 오래전부터 재배되었음이 증명되었다.

밀의 원산지는 아프가니스탄 지역으로 알려져 있다. 콩과 팥 역시 오래전 원산지로 추정되는 중국으로부터 들어와 재배되었다.

강낭콩, 고구마, 감자는 아메리카가 원산지로 콜럼버스의 신대륙 발견 이후 유럽으로 전해졌고, 강낭콩^{19세기 초}과 감자^{1825년경}는 중국으로부터, 고구마^{1763년}는 일본으로부터 우리나라에 들어왔다. 옥수수 역시 아메리카가 원산지며 에스파냐가 유럽에 전했고, 중국을 거쳐 16세기에 우리나라에 들어왔다. 배추는 지중해 연안 지역이 원산지인데 중국에서 현재와 같은 결구형으로 개량되었고 13세기에 우리나라에 전해졌다. 초기에는 약용으로 재배하다가 17세기에 개성 지방을 중심으로 채소용으로 재배되면서 김치의 주재료가 되었다. 무는 원산지가 지중해, 중국, 인도라는 여러 설이 있으며 우리나라에서는 삼국 시대부터 재배된 것으로 보이나 기록상으로는 고려 시대인 12세기에 중요한 채소로 재배했다고 나온다.

마늘은 원산지가 아시아 서부로 우리나라에서는 단군 신화에 등장할 정도로 오래된 작물이다. 고추는 감자, 고구마, 토마토와 같이 아메리카가 원산지로 에스파냐가 유럽에 전파했고 유럽에서 중국과 일본에 전해졌는데, 우리나라에는 임진왜란 때 일본군을 따라 들어왔다.

2부

외래 동식물, 어디서 어떻게 왔을까?

외래 동식물이 유입되는 과정

나라와 나라 사이에 교역과 교류가 활발해지면서 사람과 동식물이 유입되고 있다. 유입이란 한마디로 무엇인가가 어떤 곳으로 흘러 들어오는 것을 의미한다. 돈이나 물품과 같은 재화뿐만 아니라 액체나 기체, 열 따위도 포함되며 문화, 지식, 사상 등도 마찬가지다. 사람, 동식물, 병원균 등이 들어오는 것 역시 유입이라고 한다.

교역과 교류는 사람들이 하는 것이다. 따라서 유입은 사람들이 알게 모르게 흘러 들어올 수 있다. 문화, 지식, 사상, 재화 등은 필요에 의해 의도적으로 들여올 수 있지만, 동식물이나 병원균 등은 언제 어떻게 들어오는지 모를 수 있다.

사람들은 경제 활동을 하면서 어떤 필요에 의해 무엇인가를 들여오기도 한다. 이런 것을 도입이라고 한다. 도입은 기술, 방법, 물자 등을 끌어들이는 것을 말한다. 필요 때문에 동식물을 외국에서 들여오는 것도 도입이다. 생태계 교란 야생 생물인 뉴트리아는 식용과 모피를 목적으로 수입하면서 우리나라에 도입되었다. 황소개구리와 큰입배스 등도 식용을 위해 도입한 식량 자원이었다.

2018년 생태계 교란 야생 생물에 지정된 붉은불개미는 세계자연보전연맹IUCN이 지정한 세계 100대 악성 침입 외래종이기도 하다. 남아메리카가 원산지인 붉은불개미는 2017년 9월 부산항 감만부두 컨테이너 야적장에서 처음 발견되었고, 2018년 2월 인천항에서 중국산 고무나무 묘목에서 1마리가 발견되었다. 2018년 6월 부산항 허치슨부두에서 붉은불개미 3,000여 마리가 발견되어 커다란 화제가 되었다. 이렇게 동식물의 유입은 수입 물자에 섞

남아메리카가 원산인 붉은불개미가 수입 물자에 섞여 비의도적으로 유입되어 환경에 영향을 끼치고 있다.

여 들어오는 경우도 있다. 의도와는 전혀 관계없이 비의도적으로
유입되는 것이다.

　토끼풀은 콩과에 속하는 여러해살이풀로 유럽이 원산지인 목
초다. 목초란 말 그대로 초식 동물의 먹이로 재배하는 풀이라는
뜻이다. 토끼풀과 유사한 종류만 해도 20종이 넘는다. 우리나라에
서는 토끼풀과 붉은토끼풀이 대표적이고 노랑토끼풀도 중부 이남
지역에서 볼 수 있다. 토끼풀과 붉은토끼풀은 1921년『조선식물명
휘』에 사료로 재배되었다는 기록이 있어 외국으로부터 도입되었
으며 재배지를 탈출하여 생태계에 유입되었음을 알 수 있다.

　사실 토끼풀은 일본에서 들여왔는데 일본은 네덜란드에서 유
입되었다. 일본에서 네덜란드로부터 유리그릇을 수입하면서 포장
재로 건조시킨 토끼풀의 꽃을 사용한 것이 유입되게 된 배경이다.
그래서 일본에서는 토끼풀을 시로츠메쿠사白詰草:백힐초라고 하는
데 힐은 '묻다'라는 뜻으로 '흰색 토끼풀 꽃 속에 묻어서 들어온
풀'이라는 말이다.

　우리나라에서는 목초로 들어오면서 토끼가 잘 먹는 풀이라는
의미로 이름을 붙였다. 토끼풀은 다른 콩과 식물처럼 뿌리혹박테
리아가 있어 땅을 비옥하게 하며 사료로 이용할 수 있기 때문에
생태계에 미치는 부정적인 영향은 없다고 할 수 있다.

　외래 생물은 [생물 다양성 보전 및 이용에 관한 법률] 제2조에

토끼풀(위쪽)과 붉은토끼풀(아래쪽)은 모두 콩과 식물이며 수입 물품의 포장재로 우리나라에 유입되었다.

의해 '외국으로부터 인위적 또는 자연적으로 유입되어 그 본래의 원산지 또는 서식지를 벗어나 존재하게 된 생물'을 말한다. 즉, 외국에서 들어온 생물종을 포함하여 원래는 국내외 특정 생태계에서 역사적으로 서식하지 않던 생물종이 자연 서식 범위를 벗어나서 스스로 번식 혹은 경쟁력을 가지고 살아가는 생물종을 의미한다고 법률도 정의하고 있다. 앞에서도 언급했지만 환경부 소속 국립생태원의 연구 조사에 의하면 2020년 기준 총 2,163종_{동물 1,826종, 식물 337종}의 외래 생물이 유입되어 서식하고 있는 것으로 알려져 있다.

외래 생물의 유입은 국제 교류뿐만 아니라 희귀 동식물을 원하는 사람들이 늘어나면서 2011년 1,109종에서 2013년 2,167종으로 급격히 증가했다. 이후 국내 생태계에 미치는 영향에 대한 조사와 관리가 병행되면서 그 수가 크게 늘어나지는 않고 있다. 외래 생물은 애완동물, 관상용 열대어, 화분 곤충, 천적 곤충의 수요에 따라 도입되고 생태계에 유입되는 경우가 많다. 또한 원목, 철광석, 토사 등 원자재 수입 과정에서 외래 생물이 섞여 오거나, 해외에서 구매한 물건에 곤충의 알이나 식물의 씨앗 등이 묻어오기도 한다. 외래 동물을 보면 파충류, 어류, 곤충 외에도 무척추동물의 비중이 큰 것을 알 수 있다.

외래 생물을 의미하는 여러 가지 용어를 알아둘 필요가 있다. 먼저 침입종Invasive species은 국제자연보전연맹에서 '자연적인 또는 반자연적인 생태계나 서식지에 정착하여 변화를 일으키고, 토착 생물 다양성을 위협하는 외래종'으로 정의한 것이다. 비토착종Non-indigenous species은 미국의회기술평가국에서 '종이 자연 서식 범위 또는 확산 가능성이 있는 자연 지역 내에 있는 상태로 토착종 사이의 교배에 의해 자연적으로 나타나는 잡종을 제외한 모든 길들여진 또는 반야생화된 종'으로 정의한다. 또한 미국 행정명령에서 외래종Alien species은 '해당 생태계에 자생하지 아니한 종자, 난자, 포자 또는 기타 생물학적 물질을 포함하여 번식 능력이 있는 종'으로, 침입종은 '해당 생태계에 자생하지 않거나 외래적인 것으로 그 유입이 경제적 또는 환경적으로 피해와 인간의 건강에 대해 위협을 주거나 줄 수 있는 종'으로 정의한다. 미국 위해잡초법에서 위해 잡초Noxious weed는 '미국에 낯설거나 광범위하게 우세하지 않으며 농업, 야생 동식물 또는 기타에 위해가 될 수 있는 외국 원산지인 식물'로 정의한다. 귀화종은 국제자연보전연맹에서 '지속적으로 번식하고 한 생명 주기 이상의 시간에 걸쳐 인간의 직접적인 개입을 받지 않았거나 또는 개입을 받았음에도 불구하고 해당 군집을 지탱하는 외래종'으로 정의한다.

외래 동식물의 도입 경로

세계침입종프로그램GISP: Global Invasive Species Program에서 제시하는 외래 동식물의 도입 경로는 모두 네 가지로 구분한다. 첫째는 사료용 목초 및 관상용·애완용으로 들여오는 의도적 도입이다. 둘째는 농산품, 종자, 토양 등에 붙어서 들어오는 비의도적 도입이다. 셋째는 연구용 동식물로 들여오는 폐쇄 도입이며, 넷째는 도입 뒤 확산되는 경우다.

우리나라의 경우는 대부분 의도적 도입이고, 비의도적 도입과 폐쇄 도입이 일부를 차지하고 있다.

우선 의도적으로 외래 동식물을 들여오는 경우를 생각해 보자. 앞서 이야기한 토끼풀은 목초용으로 재배하기 위해 의도적으로 도입했다.

작물로 재배하기 위해 외국에서 들여온 대표 식물이 목화다. 목화는 고려 말 공민왕 12년1363년, 문익점이 중국에서 붓두껍 속에 숨겨 들여온 일화로 유명하다. 목화는 섬유 작물로 삼국 시대

목화는 문익점이 중국에서 들여왔으며 의복 생활을 변화시킨 혁명적인 외래 식물이다.

부터 재배해 온 모시풀과 삼에 이어 의복 생활을 변화시킨 혁명적인 식물로 알려져 있다. 모시풀로는 삼베를 만들어 입었지만, 목화는 뛰어난 보온성으로 추운 겨울을 따뜻하게 날 수 있게 해 주었다. 고추, 감자, 토마토, 담배, 고구마 등과 함께 목화는 심어 기르기 위해 들여온 외래 식물이다.

아까시나무는 삼림용으로 외국에서 들여온 대표적인 나무로 우리가 흔히 아카시아라고 부르는 나무다.

자운영은 콩과 식물이므로 뿌리 혹박테리아가 있어 공기 중 질소를 고정하여 토양을 비옥하게 만든다.

식물은 삼림용으로 들여오는 경우도 있다. 대표 식물이 아까시나무다. 우리는 흔히 아카시아라고 하는데 정식 명칭은 '아까시나무'다. 아까시나무는 북아메리카가 원산지이며 1880년 즈음 일본에서 들여왔다는 이야기도 있고, 1891년 일본인이 중국에서 묘목을 들여와 인천에 심은 것이 처음이라는 이야기가 있다. 아프리카에 서식하는 아카시아를 닮았지만 아카시아와는 다르다는 의미에서 니세아카시아가짜 아카시아라고 부른 일본 이름에서 아까시나무라는 이름을 붙였다. 일제 강점기에는 주로 도시의 가로수로 식재되었으며, 뿌리혹박테리아가 있어 땅을 비옥하게 하고 꽃은 밀원으로서 양봉 농가에 도움이 되기도 하는 외래 식물이다.

콩과에 속하는 두해살이풀인 자운영은 중국 남부 지방이 원산지다. 우리나라 남부 지방의 논이나 밭에서 재배하기도 하며 1921년 『조선식물명휘』에 재배된 기록이 있다. 콩과 식물이기 때문에 자운영도 뿌리혹박테리아가 있어 공기 중 질소를 고정하여 토양을 비옥하게 한다. 그래서 자운영은 자연 비료로 재배하기도 한다. 자운영은 모내기하기 전에 꽃을 피우고 씨앗을 맺는다. 그러면 토양의 질이 개선되어 벼농사가 잘되는 것이다. 자운영은 토양 개선용으로 들여온 대표 식물이고 밀원 식물이기도 하다.

외래 식물은 관상용·장식용·조경용으로 수입하는 경우가 많다. 핑크뮬리를 비롯해 코스모스, 금계국, 튤립, 팬지 등이 있고 서양 난 종류 역시 외래 식물이다.

의도적으로 도입하는 동물은 크게 식량 자원을 목적으로 하는 포유류와 어류 그리고 사냥을 목적으로 하는 포유류와 조류가 대부분이다. 또한 생물학적 방제를 목적으로 하는 천적 동물이 있다. 뉴트리아는 식용과 모피, 블루길은 수산 자원으로 들여온 외래 동물이다. 블루길과 마찬가지로 수산 자원으로 들여온 큰입배스도 있지만 이들은 모두 생태계에 유입되어 생태계 교란 야생 생물이 되었다. 특정한 목적이나 의도를 갖고 도입한 외래 동물이 사육지를 탈출하거나 효용 가치가 떨어져 무관심 속에 방사하는 바람에 생태계를 위협하는 무법자가 된 것이다. 식용 자원으로 들여온 양서류인 황소개구리도 마찬가지다.

해충을 방제하기 위해 천적 동물을 외국에서 들여오는 경우도 있다. 해충을 방제하는 방법은 여러 가지가 있다. 해충을 직접 잡거나 도구를 써서 유인하여 제거하는 물리적 방제, 약물을 이용하는 화학적 방제, 천적을 이용한 생물학적 방제가 있다. 이 중 생물학적 방제인 천적을 이용하는 방법은 곤충으로 하여금 해충을 잡아먹게 하거나 미생물을 이용하여 병에 걸려 죽게 하는 것이다. 미생물을 이용한 방제 사례는 1886년 러시아에서 처음 있었고, 천적 곤충을 이용한 사례는 1888년 미국에서 있었다. 귤나무에 발생한 이세리아깍지벌레를 방제하기 위해 베달리아무당벌레를 이용한 것이다. 1930년대 같은 방법을 제주도에서 사용하였는데, 이것이 우리나라의 최초 사례다. 이 방법은 지금까지도 유효하

다고 알려져 있다. 베달리아무당벌레는 붉은색 바탕에 검은 얼룩
점 4개가 있다. 붉은색 바탕에 점이 7개 있는 칠성무당벌레는 점
이 둥글기 때문에 쉽게 구별할 수 있다. 베달리아무당벌레는 오스
트레일리아가 원산지로 미국의 입장에서도 외래 곤충을 천적으로
이용한 것이다.

천적은 포식성 천적, 기생성 천적, 미생물 천적이 있다. 포식성
천적은 말 그대로 해충을 잡아먹는 것이고 기생성 천적은 해충의
몸에 기생하여 그 숙주 해충을 죽이는 것이다. 또 미생물 천적은
해충이 병에 걸리게 하는 것인데 살아 있는 미생물 즉, 세균, 바이
러스, 곰팡이 등을 이용한다.

지금까지 외래 생물이 의도적으로 도입되는 경우를 알아보았
다. 의도적 도입과 달리 비의도적 도입은 수입 농산품과 함께 유

베달리아무당벌레는 귤나무에 발생하는 이세리아깍지벌레의 천적이므
로 생물학적 방제 차원에서 이용할 수 있다.

입되는 경우다. 식물 종자, 묘목, 목재가 무척추동물에 의해 오염되면서 묻어 들어오기도 한다. 토양이 함께 들어올 때 포함되기도 하고, 기계, 장비, 차량, 군수물자 등에 묻기도 하고, 기타 소모물품에 편승하기도 하고, 우편 또는 선박, 비행기에 편승하기도 한다. 또한 여행자와 여행자의 짐에 편승하여 비의도적으로 도입되는 경우도 있다. 비의도적 도입은 언제, 어떻게 유입되어 어디로 확산될지 알기 어렵다. 의도적 도입은 외래 생물이 여러 가지 경로를 통해 생태계에 유입될 수 있지만, 이런 경우는 어느 정도 통제가 가능할 수 있다. 하지만 비의도적 도입으로 어딘가에 오염 물질 또는 어느 물품에 편승하여 유입되는 경우는 유입과 확산 경로를 파악하거나 통제하기가 어려운 경우가 많다.

폐쇄 도입은 동물원이나 식물원 등 한정된 곳에서 사육하거나 재배하기 위해 도입하는 경우다. 또한 수산업 및 해양업을 위해 도입하거나 연구소에서 연구 목적으로 도입하는 경우다. 이런 폐쇄 도입의 경우도 정해진 사육지나 재배지를 탈출하여 생태계로 유입되는 경우가 있을 수 있다.

의도적 도입과 폐쇄 도입은 도입 절차와 과정, 경로에 대한 규칙에 따라 철저하게 관리하면 되지만, 비의도적 도입은 관리와 통제를 벗어나 생태계에 유입될 가능성이 많다. 비의도적 도입으로 인한 유입은 항만, 공항, 도로 등을 중심으로 확산되는 경우가 많다. 생태계 교란 야생 생물인 붉은불개미가 부산항, 인천항 등에서 발견된 것은 그런 이유 때문이다.

식물을 몰래 가지고 오는 식물 사냥꾼

문익점이 중국에서 목화씨를 몰래 들여온 일화는 유명하다. 겨울에도 삼베로 짠 옷을 입고 살던 고려 시대의 서민들이 목화로 짠 따뜻한 옷을 입게 된 일은 정말 획기적인 사건이었다. 문익점과 그의 장인 정천익은 목화의 재배뿐 아니라 목화 열매에 있는 솜의 채취부터 그 솜을 이용해 실을 만들고 그 실로 옷감을 짜는 기술까지 보급한 인물들이다.

이렇게 우리나라에 없던 외래 식물을 어떤 목적을 위해 들여오는 것이 의도적 도입이다. 그런데 문익점의 일화처럼 어떤 나라에서 반출을 금지하는 생물종을 몰래 가져오는 일은 의도적 반입으로 한 마디로 말하면 절도다. 특히 식물의 경우는 씨뿐만이 아니라 뿌리 또는 줄기 등을 훔쳐 자기 나라에서 재배할 수도 있다. 식물종을 몰래 반입하는 사람을 흔히 '식물 사냥꾼'이라고 한다. 문익점의 일화가 사실이라면 문익점도 식물 사냥꾼인 셈이다.

하지만 문익점의 이런 일화는 목화의 재배와 이용에 대해 극적인 장면을 연출하기 위한 이야기일 뿐이라고 한다. 실제로 우리나라는 삼국 시대부터 목화와 같은 식물을 재배했고 옷감을 만들었다고 한다. 물론 그때의 목화와 문익점의 목화는 종이 달랐던 것으로 보이며 목화를 대량으로 재배하여 양질의 면을 생산한 일은 문익점의 공로가 틀림없다.

콜럼버스가 신대륙을 발견하면서 아메리카 대륙에만 서식하던 감자, 고추, 토마토 등 주로 가짓과 작물들이 유럽으로 전해졌다. 콜럼버스가 목숨을 걸고 대서양을 건너간 이유는 후추와 같은 향신료를 찾기 위해서였다. 당시에는 국제간의 거래보다는 자국에 도움이 된다면 그냥 가져오면 그만이었다. 안 되면 훔쳐 오기도 했다. 콜럼버스 일행은 따지고 보면 식물 사냥꾼이었다.

유럽으로 전해진 감자는 처음에는 꽃을 감상하려고 왕실에서만 재배하다가 감자의 효능과 요리 방법이 알려지면서 기근을 해결해 주는 작물로서 유럽 전체에서 널리 재배하게 되었다. 이후 아메리카 대륙은 대부분 유럽의 식민지가 되었고 감자, 고추, 토마토뿐만 아니라 옥수수, 고구마 같은 작물이 유럽으로 전해졌다. 이런 작물들은 모두 아메리카가 원산지로 유럽의 입장에서 보면 외래 식물이다. 지금 같으면 돈을 주고 수입해야 하는 식물이지만 신대륙을 발견하기 위한 대항해 시대는 가져가는 사람이 임자가 되는 시대였다. 이런 작물이 중국이나 일본을 거쳐 우리나라에까지 들어오게 되었으니 식물 사냥꾼이 그저 나쁜 것만 아닌 셈이다. 이후 유럽 사람들은 감자를 재배하기 시작하면서 그 막대한 열

남아메리카에서 유럽으로 전해진 감자는 꽃을 감상하려고 왕실에서만 재배하다가 감자의 효능과 요리 방법이 알려지면서 기근을 해결해 주는 작물이 되었다.

량에너지을 또 다른 식민지를 개척하는 데 이용했으며 아메리카는 물론 아시아, 아프리카, 오세아니아로 진출하게 되었다.

아메리카는 오래전부터 재배해서 사용하던 감자를 유럽에 빼앗기면서 땅까지 잃는 비운을 맞게 되었다. 즉, 식민지가 된 것이다. 식민지라는 말은 본국 밖에 있으면서 본국의 지배를 받는 지역을 말한다. 원래 식민지는 오랫동안 거주하던 땅을 버리고 새로운 거주지로 이주하는 것을 말한다. 즉, 새로운 땅에 국민을 심는 것이다. 물론 국민을 식물 심듯이 심는 것은 아니지만 새로운 곳에서 경작을 하며 살아가도록 하는 것이다. 식민은 영어로 colonization이라고 하지만 plantation이라고도 한다. 식민지에서 가장 중요한 것은 식량 즉, 작물을 기르는 일이다. 따라서 식민지에서 재배한 작물을 본국으로 가져오는 일은 식민지 최고의 목적이기도 했다. 또한 식민지에서만 자라는 작물이나 야생 식물을 본국으로 들여와 재배하는 일도 중요한 부분을 차지했다. 이런 과정을 통해 세계적으로 유명한 사냥꾼이 활약하게 되었다.

행정 구역 이름, 대학교 이름, 동물 이름, 식물 이름, 해류 이름, 국립 공원 이름 등에 공통으로 들어가는 이름이 있다. 혹시 훔볼트Humboldt를 떠올렸다면 여러분은 자연지리학에 관심이 많은 것이 틀림없다. 훔볼트군 캘리포니아주, 아이오와주, 네바다주, 훔볼트대학교, 훔볼트오징어, 훔볼트가지, 훔볼트해류, 훔볼트국립공원 쿠바 등에 공통으로 들어가 있는 훔볼트는 세계 최고의 식물 사냥꾼이었다.

알렉산더 폰 훔볼트는 5년간 남아메리카를 탐험하면서 수많은 식물을 채집하여 유럽으로 가져온 대표적인 '식물 사냥꾼'이며 찰스 다윈이 『종의 기원』을 쓰는 데 중요한 영감을 불어넣어 주었다.

'하지만 훔볼트와 봉플랑 앞에는 아직, 거의 해결할 수 없을 듯한 최대의 과제가 남아 있었다. 그들이 채집한 총 6,000종 이상의 식물 중에서 절반은 유럽 학계에 알려지지 않은 것들이었다. 그들이 여행 도중에 보낸 씨앗은 이제 파리의 온실 안에서 꽃피고 있었다. 일반인의 온실에서는 재스민과 동백나무가 향기를 풍기고 있었다. 열대 지방 식물들이 최신 유행이었다. 유럽의 신사들은 시곗줄에다 금으로 싼 육두구 종자를 달고 다녔다.'

이 글은 『식물 사냥꾼』케어 휠서·레나테 휘킹 지음, 이룸의 한 구절이다. 알렉산더 폰 훔볼트1769~1859는 독일의 자연과학자이자 지리학자로 자연지리학의 선구자라 불린다. 프랑스의 식물학자 에메 봉플랑과 훔볼트는 1799년부터 1804년까지 5년간 남아메리카를 탐험하면서 식물을 6,000종 이상을 채집하여 유럽으로 보냈다. 우리나라의 식물 종수가 5,000여 종인 것과 비교하면 6,000종은 정말 어마어마한 것이다. 훔볼트는 봉플랑과 함께 베네수엘라, 콜롬비아, 에콰도르, 페루, 멕시코, 쿠바 등을 탐험하면서 '마치 식물들로 뒤덮인 땅이 더는 뻗어나갈 곳을 찾지 못한 듯했다. 어디서나 양탄자 같은 녹색 뒤편에는 나무줄기들이 숨어 있었다. 단 한 그루의 메뚜기나무나 미국산 무화과나무에 붙어 있는 모든 난초, 후추 종류, 포토스Pothos속 종류만 다 가져다 심어도 유럽 한 나라의 땅이 모두 뒤덮일 것'이라고 썼다. 찰스 다윈은 "훔볼트가 없었다면 비글호를 타지 않았을 것이고, 『종의 기원』을 쓸 수 없었

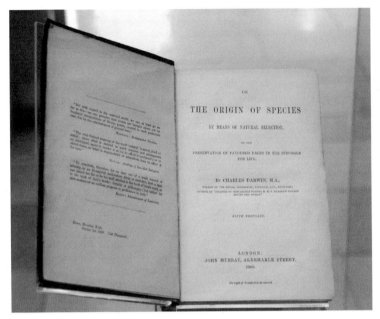

훔볼트의 탐험에 영감을 받은 찰스 다윈은 비글호 항해를 통해 『종의 기원』을 출판할 수 있었다.

을 것"이라고 말했을 정도였다.

이렇게 1492년 콜럼버스의 신대륙 발견 이후 대항해 시대에 유럽의 식물 사냥꾼들은 전 세계를 누비며 돈이 되는 식물을 찾아 자신의 나라나 유럽으로 들여오기 시작했다. 식물 사냥꾼의 목숨을 건 활약(?)으로 영국의 큐가든 같은 세계 유명 식물원이 유럽에 많이 생겼다.

식물 사냥꾼의 활약 때문에 영국 런던에 있는 왕립식물
원인 '큐가든'에서 전 세계 희귀 식물을 볼 수 있다.

외래 동식물의 관리와 서식지 이탈

나라와 나라 사이에 교류와 교역이 늘어나면 외래 동식물의 도입과 유입은 필연적으로 일어날 수밖에 없다. 의도적 도입과 폐쇄 도입은 관리 체계가 철저하게 갖춰져 있지만 비의도적 도입은 생태계에 유입되지 않도록 주의를 해야 한다. 이런 까닭에 환경부에서는 관련 법률에 따라 외래 생물 관리 계획을 수립하여 시행하고 있다.

또한 환경부 소속 기관인 국립생태원은 외래 생물의 분류군별 및 종류 관리 방안을 매뉴얼로 만들어 시행 중이다. 외래 생물의 관리는 우리나라만의 문제가 아니다. 1992년 〈유엔환경개발회의〉에서 채택된 '생물다양성협약CBD'과 '생물다양성과학기구IPBES'의 총회에서 침입 외래종의 위험성을 지적하고 관리할 것을 결의했다. 즉, 생물 다양성과 생태계 서비스 감소의 직접적인 요인으로 침입 외래종이 거론된 것이다. 외래 생물의 유입과 확산은 생물 다양성을 저해하며 경제력 피해는 물론 국민의 건강권도 침해할 수 있다는 국제적 공감대가 형성된 것이다. 특히 우리나라는 수입과 수출의 의존도가 높아 다른 나라에 비해 외래 생물의 유입과 확산이 쉬운 편이고 그에 따른 피해 비용도 높은 국가다. 기후 변화와 국제 교역량 증가에 따라 외래 생물에 대한 국내 생태계의 취약성이 점점 심화되고 있는 실정이다.

예를 들어 붉은불개미나 붉은배과부거미의 유입 및 확산은 생태계에 미치는 영향뿐만 아니라 인체에도 위해를 끼치기 때문에 국민의 불안감이 고조되고 있다. 외래 생물의 확산을 고려할 때 유입 뒤 제거에는 한계가 있고, 중장기 계획을 수립하여 관리할 필요성이 생기게 된 것이다. 외래 생물의 관리 정책을 위해 생물의 유입 차단 및 국내 유입 외래 생물의 효과적인 관리에 목적이 있어야 한다. 이렇게 해서 만들어진 것이 환경부의 〈외래 생물 관리 계획〉이다. 관리 계획의 역할은 외래 생물의 철저한 관리를 위한 비전과 목표를 설정하고 추진 전략과 정책 추진 과제를 제시하는 것이다. 아울러 관리 계획에는 전략과 과제를 실천하기 위한 관련 제도의 정비, 조직 확충, 소요 예산 및 세부 추진 일정 등이 구체적으로 명시되어 있다.

우리나라에서 서식하고 있는 외래 생물은 2,163종^{2020년 기준}이다. 2009년 894종에 비해 10여 년 사이에 약 2.5배 증가했다. 외래 생물 중 도입 용도가 확인된 종은 20%에 불과하다. 나머지는 정부의 승인을 받지 않은 불법 외래 생물이거나 비의도적으로

붉은배과부거미와 같은 침입 외래종의 유입 및 확산은 생태계에 미치는 영향뿐만 아니라 인체에도 위해를 끼친다.

유입된 종이다.

　법적 관리 대상종의 유사종을 반입하는 등 제도의 미비점을 이용한 의도적인 외래 생물 유입도 증가하고 있다.

　예를 들어 2001년 붉은귀거북속 전 종이 생태계 교란 야생 생물에 지정되자 이와 생태적·생물적으로 유사한 쿠터류를 반입하는 사례가 늘었다. 쿠터류 거북은 붉은귀거북류 거북과 같이 늪거북과에 속하며 속屬이 다를 뿐이다.

또한 중국미꾸라지같이 육안으로 판별이 어려운 위해 우려종의 경우 토종 미꾸라지와 혼입되어 별도 제재 없이 유입되기도 한다.

2012년 생태계 교란 야생 생물에 지정된 양미역취와 2016년 지정된 영국갯끈풀 등 식물류의 분포 범위가 확대되는 추세로 염생 식물과 서식지 하구 주변의 생물 다양성을 저해하는 것으로 확인되었다.

이런 상황에서 정부는 외래 생물에 대한 전국 서식 실태를 조사하여 생태계 교란 야생 생물1속 33종과 위해 우려종1속 163종을 지정하게 되었다. 또한 2019년부터는 유입 주의 생물 300종을 지정하여 기존보다 한층 개선된 미유입 외래 생물의 사전 관리 체계를 구축하게 되었다.

정부는 외래 생물이 생태계에 미치는 영향에 따라 유입 주의 생물, 위해 우려 생물, 생태계 교란 생물로 나누어 지정하고 관리하고 있다. 환경부 소속 국립생태원은 외래 생물에 대해 위해성 평가를 실시하여 결과에 따라 3등급으로 분류하고, 위해성 정도가 높은 1급의 경우는 생태계 교란 야생 생물로 지정한다.

또한 정부는 생태계 교란 야생 생물을 대상으로 확산을 차단하거나 퇴치 사업을 전개하며 생물 다양성을 위협하는 외래 생물을 관리할 수 있는 연구 개발을 한다. 하지만 이미 유입된 외래 생물의 제거 및 단속 등 사후 대응에 치중한 관리는 한계가 있을 수 있다. 비의도적 유입이 증가하는 현 상황에 효과적으로 대응하기 위한 사전 관리 체계가 필요하다.

모니터링 체계에도 한계가 있는데 지역별 특성 및 외래 생물의 생태 특성 같은 고려가 부족한 모니터링 기법을 적용하기 때문이다. 국경 지역이나 그 주변 지역 등 외래 생물이 나타날 가능성이 높은 지역에 대해서는 더욱 면밀한 모니터링이 필요한 실정이다. 외래 생물의 방제 조치에 따른 재산상 손실의 보상 규정이 미비한 점도 개선해야 한다. 이는 사업자나 지역 주민으로 하여금 외래 생물의 신고에 소극적으로 임하게 하는 요소이기 때문이다. 전담 인력이나 인프라가 부족한 점도 보완해야 한다.

주요 국가의 외래 생물 관리 동향을 살펴보자. 미국의 경우 주요 침입 외래종으로 유해종을 지정한 뒤 수입을 금지하는 '블랙리스트 시스템'을 구축하고 있다. 외래 생물 중 식물 병해충과 잡초는 식물보호법에 따라 농무부와 동식물 검역소가 관리하며, 기타 야생 동물은 레이시법Lacy Act에 따라 내무부 소속 어류·야생 생물국이 관리한다. 레이시법은 불법 야생 동물 무역으로부터 국내 생물종 및 미국의 야생 동물 자원, 농업, 원예, 산림을 보호하고 인체에 해로운 종의 수입 금지를 목적으로 한다. 야생 생물국이 야생 동물을 유해종으로 지정할 수 있는 권한을 가지며 유해종으로 지정될 경우 국토안전부의 세관 및 국경보호국에서 해당 종의 수입을 통제한다. 유해종으로 지정되면 수입뿐만 아니라 주와 주 사이에 하는 이동도 금지된다. 하지만 연구, 교육, 의료, 전시 같은 목적으로 수입하고자 하는 경우 예외로 허용한다. 식물에 관해서는 식물보호법에 따라 관리하는데 식물보호법은 외국과 하는 무역 또는 주와 주 사이의 무역으로 식물 병해충이 이동하는 것을 관리하는 연방법이다. 농무부가 주관하며 동식물검역소는 외래 식물 병해충과 유해 잡초의 수입·수출 및 주 사이의 이동을 금지 또는 제한하고 확산을 방지한다.

일본의 침입 외래종 관리 전략은 외래 생물 대책의 홍보·교육 추진 및 관리 인재의 육성을 우선으로 한다. 아울러 외래 생물의 의도적 유입 방지, 비의도적 유입 예방, 효과적인 외래 생물 방제를 추진하는 것이다. 또한 외래 생물 관리 정보기관 구축 및 조사 연구를 추진하는 것이 목표다. 침입 외래종 관리를 위한 주요 법률은 특정 외래 생물에 의한 생태계, 사람의 생명·신체, 농림 수산업 피해 방지, 생물 다양성의 확보를 통한 국민 생활의 안정 향상을 목적으로 한다. 인체 및 생태계 등 위해성이 큰 외래 생물을 특정 외래 생물로 지정하고 수입 및 사육 등을 금지한다. 또한 특정 외래 생물과 생태 특징이 유사한 생물을 미판정 외래 생물로 지정해 수입할 때 위해서 평가를 실시하는 것이 주요 내용으로 되어 있다. 주요 침입 외래종에 대해 환경성이 생물 다양성 보전의 관점에서 외래생물법의 시책을 추진하면서 각 부처별 외래 생물 대책의 연계·조정을 수행한다. 농림수산성은 농림 수산업 피해 방지관점에서 외래 생물 관리 시책을 이행하며 국토교통성은 도로, 하천 관리 및 도시 녹지 보전 사업 등과 관련 외래종 대책 매뉴얼을 마련하고 추진한다.

오스트레일리아의 경우는 환경에너지부 주관으로 환경 보호 및 생물 다양성 보전법에 따라 재래종·생태 군집의 생존과 개체 수 및 진화를 위협하는 핵심 프로세스를 목록으로 만들고 이에 대한 경감 조치를 마련하고 있다. 농업수자원부 주관으로는 생물 안전법에 따라 외래 식물 병해충과 잡초 수입을 규제하고 있다. 오스트레일리아는 재래종과 생태 군집을 위협하는 핵심 요인을 선정하여 관리하고 있다. 야생 굴토끼, 방치된 야생 염소와 재래 동물이 벌이는 경쟁 및 토지의 질 저하, 아프리카물새의 침입에 따른 생태계 질 저하 및 생육지 손실 및 종 감소, 재배지를 벗어난 정원 식물 침입에 따른 재래 동식물·생육지 손실 및 질 저하, 노랑미친개미·붉은불개미의 침입에 따른 생물 다양성과 생태계 온전성 손실, 붉은여우·렛트·야생 고양이·야생 멧돼지의 포식, 서식지 질 저하 및 질병 전파, 생물 다양성에 미치는 신생물군_{야생 사슴, 야생 말, 당나귀, 물소, 낙타, 서양뒤영벌, 양봉꿀벌, 재래 꿀벌}의 영향 등이 선정되어 있다. 또한 애완용 동물의 수입 규제에 따라 개, 고양이, 말, 토끼, 새의 일부 종만 애완용 동물로 수입 가능하며 이 중 새와 토끼는 뉴질랜드에서만 수입이 가능하다. 파충류는 애완용으로는 수입할 수 없으며 동물원용으로만 제한한 조건하에서 수입이 가능하다. 어류도 수족관용과 연구용으로만 수입이 가능하다.

무척추동물 또한 애완용으로 수입할 수 없으며 연구용, 동물원용으로만 허가된 일부 국가로부터 수입이 가능하다.

　유럽연합EU의 경우, 환경에 심각하게 부정적인 영향을 미치는 외래종을 EU의 위해 외래종으로 지정하고 수입, 소유, 사육, 수송, 이용 및 환경 반출을 금지하고 있다. 위해 외래종이 EU 권역 내에서 발견되는 경우, 소관 회원국은 즉각 제거 작업을 실시해야 한다. 위해 외래종에 대한 선정 기준은 EU가 여러 나라가 연합된 지역이므로 다른 나라와는 조금 다른 기준을 가지고 있다. 즉, 최외곽 지역을 제외한 나머지 EU의 권역을 기준으로 외래종을 선정한다. 또한 2개 회원국 이상이 공유하는 하나의 생물지리적 지역에서 존속 가능한 개체군으로 정착하고 확산할 수 있는 종, 생물 다양성, 생태계 서비스, 인체의 건강 또는 경제에 부정적인 영향을 미칠 수 있는 종, 위해성 평가를 받은 종, 위해 외래종 목록에 등재함으로써 부정적 영향을 효과적으로 예방 또는 경감할 수 있는 종, 위해 외래종을 지정할 때 발생하는 관리 비용 측면 등을 고려하여 미유입 또는 침입 초기 단계로 향후 부정적인 영향이 매우 심대한 종을 우선적으로 선정한다. 이렇게 해서 EU의 위해 우려종으로 지정되면 수입, 반입, 소유, 사육, 재배, 운반, 판매, 사용, 교환 및 환경 반출 등이 금지된다. 하지만 연구 또는 현지 외 보전을 목적으로 하거나, 인체의 건강 증진에 반드시 필요한 경우에 한해 사용이 허가된다.

1 비싼 돈을 주고 산 애완 거북이 알고 보니 수입 금지 동물이었다면 어떻게 해야 할지 생각해 봅시다.

....

....

2 집 주변이나 도로변에 외래 식물이 자라고 있다면 토종 식물에게 해가 미치니 뽑아야 한다고 생각하는지 아니면 녹색 식물이니 그대로 두어야 하는지 자신의 생각을 정리해 봅시다.

....

....

3 전 세계를 돌아다니며 유용한 식물을 몰래 가지고 오는 사람을 '식물 사냥꾼'이라고 합니다. 여러분이 식물 사냥꾼이라면 어떤 식물을 가져올 것이며 그 이유가 뭔지 설명해 봅시다.

....

....

4 해외여행을 다녀와서 짐 정리를 하는데 옷에 식물의 씨앗이 달라붙어 있어서 버릴 수 없어 화분에 묻어 놨습니다. 그런데 싹이 나고 예쁜 꽃이 피었습니다. 계속 키우고 있는데 알고 보니 CITES 국제 협약에서 금지하는 식물이라면 여러분은 어떻게 할지 생각해 봅시다.

....

....

외래 동식물, 함부로 수입하면 안 돼!

반려동물을 기르고 있는 인구수가 1,500만 명을 넘어서고 있는 것으로 추정된다는 뉴스가 보도되었다. 개와 고양이 같은 포유류를 많이 키우지만 때로는 조류, 파충류, 양서류, 어류는 물론 곤충이나 갑각류 같은 무척추동물도 반려동물로 기르고 있다.

식물의 경우는 화분에 심어 기르는 풀이나 나무는 물론 난초류, 식충 식물, 선인장 등 다양하다.

이런 동물과 식물을 좋아한다고 함부로 외국에서 가져오거나 수입하거나 팔거나 하면 안 된다. 동식물을 기를 때는 생태계 교란 야생 생물인지, 멸종 위기 동식물인지 등 해당 동물에 대해 알아보아야 한다. 생태계 교란 야생 생물로 지정된 동식물은 학술 연구, 교육, 전시, 식용 같은 목적으로 지방유역 환경청의 허가를 받은 경우 외에는 수입, 반입, 사육, 재배, 양도, 양수, 보관, 운반 또는 유통 등이 금지된다. 불법 수입 등이 적발되면 2년 이하의 징역에 처하거나 2,000만 원 이하의 벌금이 부과될 수 있다.

멸종 위기에 처해 있는 동식물의 경우는 CITESConvention on International Trade in Endangered Species of Wild Fauna and Flora 즉, '멸종 위기에 처한 동식물의 교역에 관한 국제 협약'에 따라 수출입 증명서 확인 등 일정한 요건과 절차를 거치게 하여 수출입을 규제하고 있다. 회원국들은 수출입 허가 부서, 수출입 허가 확인 부서세관 등, 단속 부서세관, 경찰 등를 설치 운영하는 등 협약을 이행해야 한다.

이런 규제에 해당하지 않는 동식물이라도 수출입 검역을 거쳐야 한다. 수출입 검역이란 해외로부터 감염병이나 해충이 들어오는 것을 막기 위해 공항과 항만 또는 지정된 검역 시행장과 검사 장소에서 이루어지는 검사를 말한다. 동물 검역, 식물 검역, 수산물 검역, 축산물 검사 및 식품 검사 등으로 나누어 각각 [가축감염병예방법], [식물방역법], [수산생물질병관리법], [수입식품안전관리특별법]에 따라 검역이 이루어지고 있다.

3부

생태계 교란
외래 동물

생태계를 혼란에 빠뜨리는 척추동물

환경부에서 지정·고시한 생태계 교란 야생 생물은 2020년 기준 1속 33종이다. 이 중 동물은 1속 17종으로 척추동물은 포유류, 양서·파충류, 어류로 1속 8종이 지정되어 있다. 1998년 황소개구리, 블루길파랑볼우럭, 큰입배스 3종이 최초로 생태계 교란 야생 생물로 지정되었다. 물론 이 3종은 식용을 목적으로 의도적으로 도입했다. 하지만 효용 가치가 떨어진다는 이유로 방치되거나 방사되어 생태계에 유입되었다. 황소개구리는 커다란 몸집과 왕성한 식욕으로 다른 개구리는 물론 물고기 심지어 천적인 뱀까지도 잡아먹는다는 보도가 있었다. 블루길과 큰입배스도 민물 최고 사냥꾼으로 토종 물고기를 먹어 치워 생태계에 심각한 영향을 미치게 되었다.

양서류 중 유일하게 생태계 교란 야생 동물로 지정된 황소개구리도 포유류인 뉴트리아와 비슷한 과정을 거쳐 생태계로 유입되었다. 황소개구리 역시 대대적인 퇴치 작업으로 이제는 큰 이슈

(표2)

구분		종명
척추 동물	포유류	뉴트리아
	양서 · 파충류	황소개구리, 붉은귀거북속 전 종, 리버쿠터, 중국줄무늬목거북, 악어거북, 플로리다붉은배거북
	어류	파랑볼우럭(블루길), 큰입배스
무척추 동물	갑각류	미국가재
	곤충류	꽃매미, 붉은불개미, 등검은말벌, 갈색날개매미충, 미국선녀벌레, 아르헨티나개미, 긴다리비틀개미, 빗살무늬미주메뚜기

식용과 모피를 위해 외국에서 도입했지만 지금은 생태계 교란 야
생 생물이 되어 퇴치 작업 대상이 된 뉴트리아.

리버쿠터(아래쪽)와 페닌슐라쿠터는 붉은귀거북(위쪽)을 대신해서 수입하여 우리나라에 들어오기 시작했다.

가 되지는 않는다.

생태계 교란 야생 생물은 1998년 처음으로 지정하였다. 그 뒤로 20년 이상 지나는 동안 외래 생물의 생태계 문제에 관해 많은 국민이 인지하게 되었고 퇴치 작업에도 동참하고 있는 상황이다. 그럼에도 불구하고 생태계 교란 야생 생물은 특히 외래 생물을 중심으로 심각성이 줄어들지 않고 있다. 2020년에도 8종 동물 7종, 식물 1종이나 생태계 교란 야생 생물로 지정되었다.

붉은귀거북은 파충류 중에서 가장 먼저 생태계 교란 야생 생물로 지정되었다. 붉은귀거북의 수입이 금지되자 이와 유사한 리버쿠터와 페닌슐라쿠터 등 북아메리카 원산 거북이 들어오기 시작했다. 또한 중국에서 방생용과 애완용으로 중국줄무늬목거북이 수입되었다. 이에 리버쿠터, 중국줄무늬목거북, 악어거북, 플로리다붉은배거북 등이 생태계 교란 야생 동물로 지정되었다.

악어거북 또한 애완용·관상용·방생용으로 수입되어 사육되다가 방생을 하거나 유기되어 생태계에 유입되었다. 악어거북은 늑대거북과 악어거북속에 속하며 최대 몸길이가 80cm에 몸무게가 90kg까지 자라는 대형종이다. 성격이 사납고 등껍데기가 3줄인 용골로 되어 있는 것이 특징이며 날카로운 부리에 무는 힘마저 대단해서 거북계의 티라노사우루스로 불릴 정도다. 생태계 교란 야생 동물로 지정된 거북은 모두 수명이 길고 잡식성이며 생존 능력이 우수하고 토종과 교잡될 가능성이 있기 때문에 지정된 경우다.

중국줄무늬목거북 또한 애완용·관상용·방생용으로 수입·판

악어거북은 성격이 사납고 무는 힘이 엄청나서 날카로운 부리는 사람에게도 위협이 된다.

매해 온 거북이다. 중국줄무늬목거북은 수명이 길고, 생존 능력이 높아 토종 거북과 서식지를 놓고 경쟁할 우려가 크다. 중국줄무늬목거북은 돌거북과 중국줄무늬거북속에 속하는 민물 거북으로 몸길이가 20cm 정도로 붉은귀거북과 비슷하다. 다른 민물 거북보다 꼬리가 긴 것이 특징이고, 목과 다리 부분에 줄무늬가 선명하게 나 있어 쉽게 구분할 수 있으며 우리나라 토종 거북인 남생이와 교잡종이 형성된다고 알려져 있다.

거북 종류는 대개 애완용·관상용으로 수입하고 방생하기 위해 들여온다. 다른 외래 생물과 마찬가지로 거북도 의도적으로 도

중국줄무늬목거북은 다른 민물 거북보다 꼬리가 길고 목과 다리 부분에 줄무늬가 선명하게 나 있다.

입되었다가 생태계에 유입된다.

방생 또는 유기는 의도적으로 생태계에 유입되게 하는 것이다. 생태계에 유입된 생물은 생존 본능을 발휘하며 생명을 이어 간다. 이런 과정에서 토종 생태계에 영향을 미치며 또 다른 잡종을 만들어 낸다. 긍정적이든 부정적이든 생태계의 일원으로 먹이 그물의 한 자리를 차지하게 되는 것이다.

어류 중 생태계 교란 야생 생물은 블루길과 큰입배스 2종이다. 블루길은 북아메리카 남동부 지역이 원산지며 검정우럭과에 속하는 민물고기로 연못이나 호수에 서식한다. 암수 모두 아가미뚜껑 끝에 짙은 청색 반점이 있어 '블루길 blue gill'이라는 이름을 붙였다. 우리나라에서는 파랑볼우럭, 월남붕어, 넓적붕어라고도 부르지만 정식 이름은 블루길이다. 환경부 산하 국립생물자원관에서 발행한 〈한반도의 생물 다양성〉 자료집의 생태계 교란 야생 생물 목록에는 '파랑볼우럭'이라는 이름으로 고시되어 있다. 블루길은 암컷이 산란한 알과 부화한 새끼를 수컷이 지키는 습성이 있어 번식력이 높은 편이다. 33cm 정도까지 자라며 큰 개체는 50cm까지 자란다. 플랑크톤이 주먹이이지만 수서 곤충, 갑각류, 작은 민물고기 등을 닥치는 대로 잡아먹는 포식자다.

1969년 당시 수산청이 자원 조성용으로 시험 양식을 하기 위해 일본에서 치어_{어린 물고기}를 도입하여 팔당댐 부근에 방류했고, 그 뒤 전국으로 퍼져 많은 곳에서 우점종이 되었다. 토종 민물고기와 새우류를 잡아먹어 생물 다양성을 해치고 수질 악화에도 나쁜 영향을 끼치기 때문에 생태계 교란 야생 생물로 지정되었다.

큰입배스도 블루길과 같은 검정우럭과에 속하는 민물고기로 북아메리카 남동부 지역이 원산지며 1973년 미국으로부터 도입하여 경기도 가평의 조종천 등 여러 곳에 방류했다. 이후 여러 경로를 통해 전국으로 퍼졌고, 토종 민물고기와 새우류를 잡아먹어 생태계 교란 야생 생물로 지정되었다. 블루길과 비슷하게 알이 부화할 때까지 둥지를 지키는 습성이 있어 치어 생존율이 높은 어종이다. 이름처럼 입이 크고 흡입력이 강하기 때문에 삼킬 수 있는 것은 뭐든지 잡아먹는 민물 생태계의 포식자다. 몸길이는 25~60cm 이며 주둥이가 뾰족하고 아래턱이 위턱보다 역간 길다. 몸의 등 쪽은 짙은 청갈색이고 배 쪽은 연한 노란색이다. 몸 옆의 가운데 에 진한 갈색 띠가 길게 보인다.

블루길과 큰입배스는 고기의 맛이 그리 뛰어나지 않아 식량 자원을 위한 의도적인 도입은 실패한 셈이다. 번식률과 치어 생존 율이 높아 우리의 고유 생물 다양성만 해칠 뿐이다. 다만 낚시꾼의 손맛용으로는 인기가 많다. 맛이 떨어진다는 이유로 블루길이나 큰입배스를 잡았다가 다시 놓아주면 불법이다. 〈생물 다양성법〉 을 위반하는 경우로 이런 생물을 잡으면 관할 지역 환경청에 신고 를 하거나 버려야 한다. 블루길이나 큰입배스는 생활 쓰레기로 분 류되기 때문에 종량제 봉투에 넣어 버리면 된다. 버리기 싫다면 식용하거나 집에서 기르는 동물의 먹이로 사용해도 된다.

왕성한 번식력을 자랑하는 무척추동물

무척추동물은 갑각류, 곤충류로 9종이 생태계 교란 야생 생물로 지정되어 있다. 갑각류 중 유일하게 미국가재가 2019년 생태계 교란 야생 생물로 지정되었다. 2018년 국립생태원의 위해성 평가에서 하천에 곰팡이를 퍼뜨려 생물 다양성을 해칠 우려가 있다는 이유로 1급 판정을 받았다. 미국가재는 북아메리카의 로키산맥 민물에서 서식하는 종인데 관상용으로 수입한 것이 버려짐으로써 생태계에 유입되었으며, 전남 나주 영산강 지류에서 서식하는 것으로 밝혀졌다. 미국가재는 곰팡이를 퍼뜨리는 것은 물론 식욕이 왕성해 닥치는 대로 먹어 치운다. 또한 번식력이 뛰어나 암컷의 배에 알이나 새끼를 붙이고 다니는 특징이 있다. 1990년대 관상용으로 수입된 것으로 보이며 토종 민물가재와는 달리 집게발에 붉은색 돌기가 빼곡히 나 있다. 몸길이가 토종보다 2~3배 큰 15cm 정도로 어른 손바닥만 하고 굴을 파는 습성으로 논농사에도 피해를 끼치고 있다.

미국가재는 '세계 100대 악성 침입 외래종'으로 전 세계에서 악명이 높다.

미국가재는 우리나라뿐만 아니라 전 세계에서 악명 높은 외래 생물 중 하나로 세계자연보전연맹이 '세계 100대 악성 침입 외래종'에 포함시키기도 했다. 미국에서는 미국가재를 감자와 옥수수를 넣고 삶은 '크로피시보일crawfish boil이라는 요리가 유명하지만 잘 익히지 않고 먹으면 폐흡충에 감염될 수 있다. 생태계 교란 야생 생물로 지정된 종이기 때문에 환경부의 허가 없이 미국가재를 잡아서 운반하거나 키워서는 안 된다. 물론 먹는 것도 안 되며 잡았을 때 놓아주는 것도 불법이다. 미국가재를 잡았을 때는 종량제 봉투에 담아 생활 폐기물처럼 처리해야 한다.

2020년 기준 생태계 교란 야생 생물로 지정된 곤충류는 꽃매미를 비롯하여 8종이다. 꽃매미는 주홍날개꽃매미 또는 중국매미라고 불리며 2012년 일찌감치 생태계 교란 야생 생물로 지정 관리하고 있다.

곤충류는 그 특성상 의도적으로 도입되는 경우가 극히 드물다. 수입물품에 붙어 들어오는 비의도적 도입 뒤 생태계에 유입되는 경우가 대부분이다. 붉은불개미가 2018년, 등검은말벌이 2019년에 지정되었는데, 2020년에는 3월에 갈색날개매미충과 미국선녀벌레가, 6월에는 아르헨티나개미가, 12월에는 긴다리비틀개미와 빗살무늬미주메뚜기가 연이어 생태계 교란 야생 생물로 지정되었다.

붉은불개미는 남아메리카아르헨티나가 원산지로 세계자연보전연맹이 지정한 '세계 100대 악성 침입 외래종'이다. 붉은불개미는 강력한 독침으로 사람은 물론 가축이나 야생 동물에게 피해를 준다. 독침에 쏘이면 화상을 입은 듯한 통증과 함께 가렵고 붓기 시작하며 일부 사람에게는 과민성 쇼크가 일어나 치료를 받지 않으면 사망하기도 한다. 우리나라에서는 2017년부터 항만, 공항을 중심으로 발견되기 시작했으며 2018년 1월 생태계 교란 야생 생물에 지정되었다. 2018년 7월 인천항에서 여왕개미 1마리를 비롯하여 일개미 600여 마리가 발견되었고 경기도 안산시에서 일개미 7,000여 마리가 발견되어 우리나라에 정착하여 대량 번식할 우려가 심각하다고 보고 있다.

생물학자 최재천 교수는 붉은불개미의 이름을 '붉은열마디개미'로 부르는 것이 합당하다는 제안을 했다. 왜냐하면 이 개미는 '불개미속'이 아니라 '열마디개미속'에 속하며 우리나라에 자생하고 있는 열마디개미와 일본열마디개미의 근연종이기 때문이다. 붉은불개미의 영어 이름은 red imported fire ant이며 학명이 *Solenopsis invicta*인데 솔레놉시스는 열마디개미속에 속하는 개미들이 가진 독성 물질인 솔레놉신solenopsin을, 인빅타invicta는 '천하무적'을 뜻한다. 즉, 붉은불개미는 솔레놉신이라는 독을 지닌 천하무적 개미다.

등검은말벌은 악명 높은 '꿀벌 사냥꾼'이다. 2019년 7월에 생태계 교란 야생 생물로 지정된 이유도 꿀벌을 사냥하고 토종 말벌류의 생장을 저해하여 경제·생태적으로 큰 피해를 입히기 때문이다. 또한 사람이 쏘여 부상을 입거나 사망하는 사고도 일어나고 있다. 등검은말벌은 2003년 부산 영도 지역에서 처음 발견되어 현재 경기와 강원도로 확산되었다. 처음 발견 이후 생태계 교란 야생 생물 지정이 늦어져서 논란이 되기도 했다. 등검은말벌은 중국 저장성 지역이 원산지이며 중국산 목재와 화분을 실을 무역선을 통해 여왕벌이 유입되었다고 보고 있다. 프랑스, 에스파냐 등 유럽과 일본, 베트남 등 아시아로 확산하고 있으며, 우리나라에서도 농촌과 도시를 구분하지 않고 빠르게 확산하고 있는 실정이다. 등검은말벌은 이름 그대로 등이 검은색인 말벌 종류로 몸길이가

등검은말벌은 중국산 목재와 화분을 실은 무역선을 통해 여왕벌이 유입된 것으로 보이며 꿀벌은 물론
사람에게도 위험한 곤충으로 알려져 있다.

열마디개미는 붉은불개미와 같은 속에 속하는 종으로 솔레놉신이라는 독을 가지고 있다.

2~2.5cm인 중형 말벌이며 벌집은 달걀 모양으로 지름이 50cm에 달하기도 한다. 등검은말벌에 쏘이게 되면 붉은불개미에 쏘인 것과 마찬가지로 과민성 쇼크로 사망할 수 있으니 조심해야 한다.

갈색날개매미충은 큰날개매미충과 큰날개매미충속에 속하는 곤충으로 날개가 크고 삼각형이어서 이름에 날개가 들어가 있다. 나방처럼 보이고 몸길이가 8mm 정도 되며 매미충 종류이기 때문에 톡톡 튀어 다닌다. 중국과 인도 등지에 서식하는 종으로서 2009년 충남 공주의 사과나무 과수원에서 최초로 발견되었다. 그 뒤 전북과 전남 지역으로 확산되었고 2016년에는 경기, 충남, 충북, 경남, 강원도에서도 발견되는 등 전국으로 퍼져 나갔다. 갈색날개매미충은 식물의 즙을 빨아 먹고 살기 때문에 과수나 과채류에 다닥다닥 붙어서 피해를 준다. 과수로는 사과나무, 복숭아나무, 배나무, 블루베리, 감나무, 산수유나무에 피해를 주고 과채류는 가지 등에 피해를 입힌다. 식물의 즙을 빨아 먹는 피해도 문제지만 배설물이 떨어진 잎과 열매가 그을음병에 걸리는 것도 문제다. 갈색날개매미충은 번식과 생육 과정에서도 과실나무에 피해를 준다. 갈색날개매미충은 과수의 전년도에 난 새로운 가지 속에 알을 낳는데 알 상태로 겨울을 난다. 산란하면서 밀랍 재질의 물질을 발라 결국 가지가 말라죽게 된다. 또 나뭇가지 속에 산란하기 때문에 방제약이 침투하지도 않는다. 갈색날개매미충은 좋아하는 식물 범위가 넓어서 방제하기가 어렵다. 단풍나무와 때죽나무 등 서식과 번식이 가능한 식물이 많아 무차별적으로 산란하고 번식한다.

미국선녀벌레는 선녀벌렛과 미국선녀벌레속에 속하는 곤충으로 미국, 멕시코 등 북아메리카가 원산지이며, 유럽에도 확산되었다. 또한 미국에서 들어오는 컨테이너선을 통해 우리나라, 일본 등 아시아로 유입되었다. 우리나라에는 2009년 경남 밀양에서 처음 발견되었고 충남으로 확산되었다. 몸길이가 5mm 정도이며 몸 전체는 연한 청록색이고 머리와 앞가슴은 연한 황갈색이다. 애벌레는 하얀색이며 하얀 밀랍 재질을 배설하여 식물의 줄기를 덮어 그을음병을 일으키며 과실의 상품성을 떨어뜨린다. 애벌레와 어른벌레 모두 사과나무, 배나무, 포도나무, 감나무 등 과수와 콩, 옥수수 같은 작물의 즙을 빨아 먹어 피해를 준다. 나무껍질의 틈 사이에 한 개씩 산란하는데 알 상태로 겨울을 나며 5월 중 부화하여 7~10월에 어른벌레로 생활한다. 갈색날개매미충과 같이 서식과 번식하는 과정에서 막대한 피해를 주기 때문에 생태계 교란 야생생물로 지정되었다.

아르헨티나개미는 2019년 10월 부산역 컨테이너 야적장에서 처음 발견되었다. 아르헨티나개미는 남아메리카의 아르헨티나, 우루과이, 파라과이, 브라질 등에서 서식하는 개미로 개밋과 리네피테마Linepithema속에 속한다. 원래 남아메리카 파라나강의 아르헨티나 유역에서만 서식했는데 브라질, 칠레, 콜롬비아 등으로 확산하였고 교역이 증가하면서 미국, 유럽, 오스트레일리아, 일본 등으로 퍼졌으며 급기야 우리나라까지 오게 되었다.

갈색날개매미충은 중국
과 인도 등지에 서식하
는 종이지만 2009년 최
초로 발견 이후 전국으로
확산된 것으로 파악되었
다. 과일나무에 큰 피해
를 끼치고 있다.

미국선녀벌레는 북아메
리카가 원산지로 미국에
서 들어오는 컨테이너선
을 통해 우리나라, 일본
등 아시아로 유입되었다.
식물의 줄기에 그을음병
을 일으키며 과실의 상품
성을 떨어뜨리는 피해가
늘어나고 있다.

아르헨티나개미는 원
래 남아메리카 파라나강
의 아르헨티나 유역에서
만 서식했는데, 전 세계
에 확산되면서 세계자연
보전연맹의 '세계 100대
악성 침입 외래종'에 지
정되었다.

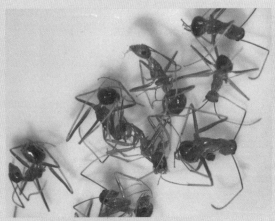

긴다리비틀개미는 열대 지방에 서식하는 개미의 종류로 세계자연보전연맹
이 지정한 '세계 100대 악성 침입 외래종'이다.

빗살무늬미주메뚜기는 암수 상관없이 뒷다리에 검정색 V자 모양의 무늬가 선명해서 다른 종류의 메
뚜기와 쉽게 구분할 수 있다.

아르헨티나개미는 세계자연보전연맹이 지정한 '세계 100대 악성 침입 외래종'이다. 우리나라에서는 2019년에 최초로 발견했으며 2011년 농림축산검역본부에서 관리 병해충으로 지정할 정도로 유입되면 안 되는 종으로 알려져 있었다. 하지만 컨테이너선을 통해 유입되었고 2020년 6월 생태계 교란 야생 생물로 지정되었다. 생물학자 최재천 교수는 아르헨티나개미는 이미 전 세계에 어마어마한 거대 군락을 형성했다고 말한다. 에스파냐유럽, 미국 캘리포니아북아메리카, 일본아시아에서 거대 군락이 형성되어 세계적으로 아르헨티나개미 제국이 구축되었다고 보고 있다. 아르헨티나개미는 식물의 꿀, 진딧물의 단물, 작물의 싹, 꽃, 씨앗을 먹거나 손상시키고, 동물 사체는 물론 다른 곤충도 사냥하는 무법자로 통한다. 왕성한 번식력은 말할 것도 없고 토종 생물종과 먹이와 서식지를 경쟁하는 과정에서 생물 다양성을 저하시켜 방제가 필요한 실정이다.

긴다리비틀개미와 빗살무늬미주메뚜기는 2020년 12월 생태계 교란 야생 생물로 지정되었다.

긴다리비틀개미는 아프리카와 아시아의 열대 지방에서 서식하는 개미의 종류로 세계자연보전연맹이 지정한 '세계 100대 악성 침입 외래종'이며 우리나라에서도 2019년 10월 유입 주의 생물로 지정되었다.

2019년 11월 인천시의 한 사업장에서 긴다리비틀개미를 처음으로 발견했다. 여왕개미 3마리, 일개미 약 3,600마리, 번데기 약 620마리를 찾았는데 베트남 호찌민시에서 수입되어 인천항으로 들어온 화물의 나무 포장재에서 발견되어 방제 조치하였고, 이후 국내에서는 발견되지 않았다.

긴다리비틀개미는 미국, 오스트레일리아, 뉴질랜드, 중국 등에서 위해종으로 지정 관리하고 있다. 몸길이는 2~4mm, 몸 색깔은 전체적으로 노란색이며 복부는 갈색을 띤다. 더듬이와 다리가 몸에 비해 길며 일개미는 80일 정도 산다고 알려져 있다. 번식력이 왕성해서 도시와 농촌을 가리지 않고 군집을 이루며 토종 생물과 경쟁하며 생물 다양성을 저하시킬 우려가 크다.

환경부와 국립생태원은 긴다리비틀개미에 대한 위해성 평가를 실시했고 1급 판정을 내린 뒤 생태계 교란 야생 생물로 지정했다. 긴다리비틀개미는 경쟁종이나 천적이 없어 빠른 시일 내에 군집을 이루고, 공생하는 진딧물의 개체수를 증가시켜 식물에 큰 피해를 입힌다고 알려져 있다.

빗살무늬미주메뚜기는 북아메리카가 원산지인 대형 메뚜기로 수컷은 최대 37mm, 암컷은 최대 50mm 정도로 토종 메뚜기보다 10mm 정도 크다. 크면서도 비행 능력이 뛰어나 바람을 타고 장거리 이동이 가능하며 단시간에 인접 지역으로 확산할 우려가 있다. 2018년 오스트레일리아에서 들어온 화물선에 붙어 온 것이 울산 온산항에서 발견되었고, 2019년 울산 온산산업단지 일원에서도 발견되었는데 역시 수입 화물에 편승해 유입된 것으로 추정되며 산업단지 내에 확산된 것으로 보인다.

어른벌레는 녹색, 노란색, 갈색 등 다양하며 일부 지역에서는 흑색인 개체도 발견된다. 암수 상관없이 뒷다리에 검정색 V자 모양의 무늬가 선명해서 다른 종류의 메뚜기와 쉽게 구분할 수 있으며 그런 까닭에 '빗살무늬'라는 이름을 붙였다. 식욕이 왕성하여 좁은 잎과 넓은 잎을 가리지 않고 먹어 치우며 돼지풀, 단풍잎돼지풀, 해바라기, 가시상추 등 국화과 식물을 좋아한다. 옥수수, 콩 같은 작물을 초토화시킬 우려가 있다.

1년에 1세대 발생하며 초여름철 32일 만에 어른벌레로 성장한다. 최대 상승 높이는 약 400m이며 209km까지 이동한 기록이 있다.

1 생태계 교란 야생 생물 중 동물은 1속 17종이 지정되어 있습니다. 동물 중에는 곤충류가 8종으로 가장 많습니다. 왜 그런지 곤충의 특징에 비추어 생각해 봅시다.

2 낚시를 하는데 옆 사람이 블루길이나 큰입배스를 잡았다 놓아 주는 일을 목격했습니다. 여러분은 그것이 불법임을 알려 줄 것인지, 아니면 상관하지 않을 것인지 생각해 봅시다.

3 멸종 위기 야생 생물과 천연기념물로 지정되어 있는 생물 중 한 부류만 보전할 수 있다면 어느 것을 선택할지 여러분의 의견을 정리해 봅시다.

4 외국에서 들어온 동물 또는 식물이 보존 가치가 뛰어나다면 멸종 위기 야생 생물 또는 천연기념물로 지정하는 것이 바람직한지 아닌지 생각해 봅시다.

일본의 천연기념물이 된 우리나라의 까치

동구 밖 나무 꼭대기에서 까치가 '까악까악' 울면 반가운 손님이 온다고 믿었다. 우리나라 어디에서나 볼 수 있는 까치를 우리는 길조로 여겼다. 대신 음산한 소리를 내며 우는 까마귀는 흉조로 여겼다. 반면 일본은 까치가 없고 까마귀를 길조로 여겼다. 그런데 임진왜란 때 우리나라 까치가 일본으로 전해졌다. 규슈 사가현에 처음 살게 되었고 후쿠오카현 등지로 퍼져 약 1만 마리가 서식하고 있는데, 1923년 천연기념물로 지정되어 귀한 대접을 받고 있다.

우리나라에서는 제주도를 비롯하여 100만 마리 이상이 서식하고 있다. 까치는 참새, 어치, 직박구리, 까마귀, 갈까마귀, 떼까마귀와 함께 유해 야생 동물 중 조류에 속해 있다.

유해 야생 동물은 사람의 생명이나 재산에 피해를 주는 야생 동물로 환경부에서 정한다. 특히 까치는 과수 농가에 큰 피해를 입히고 전신주에 둥지를 틀어 정전 사고를 일으키기도 한다.

우리나라에서는 까치가 까마귀보다 개체수가 많고 번식력과 적응력이 뛰어나 전국에 서식하지만, 일본은 까마귀가 절대적으로 많고 텃세가 심해 까마귀에 맞서 까치가 서식지를 빠르게 늘리지 못하는 것으로 파악하고 있다.

일본에서는 까마귀가 우리나라의 까치처럼 농작물에 피해를 주고 정전 사고를 일으키고 쓰레기통을 헤쳐 놓아 위생적으로도 문제가 되고 있다고 한다.

일본의 입장에서 까치는 우리나라에서 들여온 외래 동물이다. 외래 동물을 천연기념물로 지정하는 일은 그리 흔하지 않다.

4부

생태계 교란 외래 식물

인체에 해를 미치는 생태계 교란 외래 식물

2020년 기준 생태계 교란 야생 식물은 모두 16종이다. 지정 순서를 보면 1999년 식물로는 처음으로 돼지풀과 단풍잎돼지풀이 지정되었다. 2002년에는 서양등골나물, 털물참새피, 물참새피, 도깨비가지가 지정되었고, 2009년에는 애기수영, 가시박, 서양금혼초, 미국쑥부쟁이가 지정되었다. 2012년에는 양미역취, 가시상추가, 2016년에는 갯줄풀, 영국갯끈풀이 지정되었고, 2019년에는 환삼덩굴, 2020년에 마늘냉이가 지정되었다.

이 중 환삼덩굴만이 자생종이고 나머지 15종은 외래종이다. 분류학적으로 보면 돼지풀, 단풍잎돼지풀, 서양등골나물, 서양금혼초, 미국쑥부쟁이, 양미역취, 가시상추가 국화과로 약 44%를 차지한다. 털물참새피, 물참새피, 갯줄풀, 영국갯끈풀이 볏과로 25%, 한삼덩굴은 삼과, 애기수영은 마디풀과, 마늘냉이는 십자화과, 도깨비가지는 가짓과, 가시박은 박과다. 국화과와 볏과에 속하는 식물이 11종으로 약 70%를 차지하는데 이것은 우리가 흔히 잡초라

(표3)

구분	종명
벗과(4종)	털물참새피, 물참새피, 갯줄풀, 영국갯끈풀
삼과(1종)	환삼덩굴
마디풀과(1종)	애기수영
십자화과(1종)	마늘냉이
가짓과(1종)	도깨비가지
박과(1종)	가시박
국화과(7종)	돼지풀, 단풍잎돼지풀, 서양등골나물, 서양금혼초, 미국쑥부쟁이, 양미역취, 가시상추

고 부르는 식물이 국화과와 볏과에 많은 것과 비슷하다. 잡초는 식용이나 약용 등 인간이 아직 그 효용 가치를 알아내지 못했거나 쓰임새가 적다고 생각하는 식물을 말한다.

돼지풀, 단풍잎돼지풀, 둥근잎돼지풀이 돼지풀의 종류로 모두 북아메리카가 원산지인 한해살이풀이다. 잎 모양이 단풍잎처럼 세 갈래로 크게 갈라진 것이 단풍잎돼지풀이고 잎이 갈라지지 않고 타원형 또는 긴 타원형인 것이 둥근잎돼지풀이다. 이들에 비해 식물체 전체가 작고 잎이 깃털 모양으로 가늘게 갈라져 있는 것이 돼지풀이다. 돼지풀과 단풍잎돼지풀은 꽃가루 알레르기를 일으키기 때문에 생태계 교란 야생 생물로 지정되었다. 둥근잎돼지풀은 생태계 위해성 평가에서 생태계 교란 정도가 심각하지는 않다고 판정되었다.

돼지풀은 도시의 길가, 건물 주변, 공원 근처, 밭둑 등 도시와 농촌을 가리지 않고 우리나라 전역에 퍼져 있는 귀화 식물이다. 학명에 *Ambrosia artemisiifolia* 암브로시아 아르테미시폴리아가 들어 있는데 암브로시아는 '신을 위한 식량' 또는 '신으로부터 허락받은 자들을 위한 식량', 아르테미시폴리아는 '쑥을 닮은 잎'이라는 뜻이다. 실제로 잎이 너무 써서 돼지조차도 잘 먹지 않으며 잎이 쑥을 닮아 쑥과 혼동할 때가 많다. 영어 이름도 common ragweed인데 rag는 '누더기'라는 뜻으로 ragweed는 돼지풀을 뜻한다. 단풍잎돼지풀은 돼지풀에 비해 식물체가 커서 great ragweed 또는 buffalo-

돼지풀은 우리나라 전역에 퍼져 있는 귀화 식물로 꽃가루 알레르기를 일으킨다.

단풍잎돼지풀은 돼지풀과 비슷하고 꽃가루 알레르기를 일으키는데 잎이 단풍잎처럼 깊게 갈라져서 단풍잎돼지풀이라는 이름을 붙였다.

weed라고 한다. 돼지풀은 영어로 hogweed라고도 하며 일본에서 영어 그대로 부다쿠사豚草라고 이름 붙인 것을 우리나라에서 따다가 돼지풀이라는 이름을 붙였다. 돼지풀과 단풍잎돼지풀은 8~9월에 꽃이 피는데 둘 다 꽃가루 알레르기를 일으키며 토종 식물의 생육을 억제하거나 방해해서 생태계 교란 야생 생물로 지정하였다. 돼지풀은 길가, 하천변, 목초지, 밭, 빈터 등 어디에서나 서식하지만 단풍잎돼지풀은 황무지나 쓰레기 매립장 같은 곳보다는 농촌의 전원 환경에서 더 잘 서식한다.

서양등골나물은 국화과에 속하는 여러해살이풀로 북아메리카가 원산지인 귀화 식물이며 1978년 서울 남산에서 처음 발견되었다. 지금은 서울 남산과 북한산 등 서울 전 지역과 경기도 일대에 확산되어 있다. 북아메리카가 원산지여서 '미국등골나물'이라고도 한다. 우리나라에 자생하는 등골나물보다 약간 작은 편이고 숲속 큰키나무 아래를 하얀 눈이 온 것처럼 가지 끝에 종 모양 꽃을 피운다. 꽃무리 20여 개가 모여 우산이나 수국처럼 아름답게 보이지만 자생 식물의 생육지를 점유해 생물 다양성을 저해시켜 생태계 교란 야생 생물로 지정하였다. 그늘진 곳에서도 잘 견디고 번식력이 왕성한 여러해살이풀이므로 뿌리까지 뽑지 않으면 제거하기가 어렵다.

꽃은 7~8월에 피고 열매는 11월에 검은색으로 익으며 광택이 있다. 숲가나 등산로 주변에 하얀색으로 모여 핀 서양등골나물의

우유병을 일으키는 식물로 널리
알려진 서양등골나물. 하얀색 꽃
이 모여 펴서 아름답게 보이지만
생태계 교란 식물 중 하나다.

꽃을 보면 대개 감탄하게 된다. 그렇게 무더기로 핀 꽃이 흔하지 않기 때문이다. 그러나 그 꽃이 생태계 교란 야생 생물로 지정된 서양등골나물이라는 얘기를 들으면 실망하게 된다.

1986년 서울아시안게임을 준비하면서 서울시에서 서양등골나물을 길가에 심은 일이 있었다고 한다. 당시에 서양등골나물에 대한 이해가 부족해서 일어난 해프닝이다.

서양등골나물은 우유병milk sickness을 일으키는 것으로도 유명하다. 서양등골나물에는 트레마톨trematol이라는 독성 물질이 있는데 이 풀을 먹은 소, 말, 염소 등에서 짠 우유를 가공하지 않고 마신 사람에게 일어날 수 있는 병이 우유병이다. 이 병에 걸리면 구토, 두통, 호흡 곤란, 섬망, 경련, 혼수상태가 되고 사망할 수도 있다. 미국 링컨 대통령의 어머니인 낸시 링컨의 사망 원인이 우유병이어서 서양등골나물이 유명하게 되었다고 한다.

다른 생물을 못살게 구는 외래 식물

털물참새피와 물참새피는 볏과 참새피속에 속하는 여러해살이풀이다. 둘 다 북아메리카가 원산지로 유입 경로는 확실하지 않으나 사료 등 수입물에 편승해 들어온 것으로 보고 있다.

참새피속에는 참새피, 큰참새피, 털물참새피, 물참새피가 있는데 참새피만 우리나라 자생종이고 나머지 3종은 모두 외래 식물로 귀화한 것들이다. 이 중 털물참새피와 물참새피가 농수로에서 무성하게 자라 물길을 차단하고 벼의 생육을 방해한다는 이유에서 생태계 교란 야생 생물로 지정되었다.

참새피는 잎몸과 잎집에 부드러운 흰 털이 있고, 꽃이삭 시작 부분에 긴 털이 있지만 가장자리에는 털이 없다. 큰참새피는 가장자리에도 털이 있다.

참새피라는 이름은 열매가 참새 등 작은 새들의 훌륭한 먹이가 되기 때문에 붙였다. 영어 이름인 sparrow paspalum, 일본 이름인 스즈메노히에 スズメノヒエ: 雀の稗에도 '참새'가 들어가 있다. 참

새피는 습지 주변이나 농촌의 들에 주로 살고 사람의 발길이 많은 곳을 좋아하지 않는다. 큰참새피는 참새피에 비해 식물체 전체가 크다. 털물참새피는 줄기, 잎집, 잎몸에 흰 털이 빽빽하게 나며 물참새피는 털이 없어 구분할 수 있다. 둘 다 물과 인접한 땅에서 자라면서 물속으로 들어가 연못, 도랑을 따라 확산한다. 즉, 땅에 줄기와 뿌리를 두고 수면 위로 길게 뻗은 줄기가 달린다.

털물참새피와 물참새피는 모두 종자 외에도 뿌리줄기와 마디에서 뿌리가 나와 번식하므로 큰 무리를 이룬다. 참새피 무리에 속하며 물가와 물에 살며 털이 많으면 털물참새피, 털이 없으면 물참

전체적으로 털이 없으면 물참새피, 털이 많으면 털물참새피다.

새피라고 생각하면 된다.

1995년 우리나라에서 처음 채집되었고, 남부 지방을 중심으로 확산되고 있다. 둘 다 번식력과 생존력이 강해 방제가 쉽지 않은 상황이다.

애기수영은 마디풀과 소리쟁이속에 속하는 여러해살이풀로 유럽이 원산지다. 수영과 비슷하며 식물체 전체가 작아 애기수영이라는 이름을 붙였다. 가축이 뜯어 먹었을 때 배탈을 일으키며 씨앗을 많이 퍼뜨려 다른 식물의 서식을 방해하기 때문에 생태계 교란 야생 생물로 지정되었다. 암수딴그루로 키는 20~50cm이며 꽃이 피기 전 식물체는 '시금치'를 닮았다. 초록색 꽃이 필 때 애기수영으로 덮인 들판이 울긋불긋한 색으로 보여 애기수영임을 쉽게 알 수 있다. 잎이 뭉쳐나며 잎자루가 길고 창 모양이다. 잎 아래쪽이 잎자루에 거의 수직으로 갈라져 화살촉 모양으로 보인다.

학명이 *Rumex acetosella*루멕스 아세토셀라인데 속명인 Rumex는 잎 모양이 이탈리아에서 무기로 사용하던 창을 닮아 유래한 라틴어다. 소리쟁이 종류들은 모두 잎 모양이 창을 닮은 데서 Rumex라는 속명을 가지고 있다. 뿌리에서 난 잎은 모여 나고 줄기에서 난 잎은 어긋난다. 애기수영과 비슷한 수영은 줄기에 능선이 있고 잎은 긴 창 모양이고 잎자루는 위쪽으로 갈수록 짧아진다.

갯줄풀과 영국갯끈풀은 둘 다 볏과 벼속에 속하는 여러해살이

애기수영은 들판에 울긋불긋하게 무리지어 자라기 때문에 쉽게 구별할 수 있다.

풀로 '갯벌의 무법자'라 불린다. 이들은 2015년 4월 진도와 강화도 해역에서 발견되어 학계에 보고되었는데, 미국, 중국 등에서도 외래 침입종으로 지정되어 있다. 이들은 북아메리카 대서양 연안, 캐나다 남부, 아르헨티나 북부 갯벌 지역이 원산지인데 중국으로부터 해류를 따라 유입된 것으로 추정한다. 갯줄풀과 영국 갯끈풀은 갯벌에 무리지어 자라면서 토종 염생 식물인 지채와 칠면초 군락을 축소시키고 농게 등을 서식지에서 몰아내는 등 피해를 주어 생태계 교란 야생 생물로 지정되었고, 해양수산부에서도 법정 유해 생물로 지정한 종이다. 영국갯끈풀은 갯줄풀이 다른 벼속 식물과 교잡하여 생긴 것으로 보고 있다. 따라서 우리의 자생 식물과

교잡하여 잡종을 만들어 낼 우려가 크고, 이들이 군락을 이루면 퇴적물을 가두어 갯벌이 아닌 육지가 되기도 한다. 물론 빽빽하게 자라기 때문에 경우에 따라서는 뿌리줄기가 토양을 잡아 주기도 한다.

영국갯끈풀은 세계자연보전연맹에서 지정한 '세계 100대 악성 침입 외래종'에 선정될 정도로 악명 높은 생태계 교란종이다. 갯줄풀과 마찬가지로 영국갯끈풀은 갯벌에 뿌리를 내리면 생존 능력이 뛰어나고 번식력이 강해 갯벌을 초원화시킴으로써 갯벌 고유

갯줄풀(왼쪽)과 영국갯끈풀(오른쪽)은 둘 다 '갯벌의 무법자'라 불리는데 특히 영국갯끈풀은 세계자연보전연맹에서 지정한 '세계 100대 악성 침입 외래종'이다.

의 생물 다양성을 저하시키고 갯벌 생태계를 초토화시킨다.

　서양금혼초는 유럽이 원산지인 귀화 식물로 제주도의 목장을 중심으로 군락을 이루며 확산되었고 중부와 남부 일부 지역에서 자라고 있다. 흔히 보는 민들레실제로는 서양민들레가 많다와 아주 비슷하게 생겼지만 민들레에 비해 전체적으로 털이 많다. 민들레는 꽃대 속이 비어 있고 갈라지지 않는데 서양금혼초는 꽃대 속이 비어 있지 않고 가지를 치면서 길게 자란다. 언뜻 보기에 민들레와

서양금혼초는 언뜻 보기에 민들레와 비슷해 '개민들레' 또는 '민들레아재비'라고 부르기도 하는데 수입 목초의 종자에 섞여 들어온 것으로 보인다.

비슷해 '개민들레' 또는 '민들레아재비'라고 부르기도 한다.

서양금혼초는 1986년대에 수입 목초의 종자에 섞여 들어온 것으로 보이며 제주도에서 처음으로 생태계에 유입되었다. 1987년 서울 올림픽공원에서도 채집되었다. 도로 주변, 초지와 산지를 따라 자라는데 종자를 많이 생산하고 겨울을 제외한 시기에 지속적으로 번식하여 토종 식물의 성장을 방해하고 있어 2009년 생태계 교란 야생 생물로 지정되었다. 여러해살이풀이므로 뿌리까지 제거하지 않으면 계속해서 싹을 내면서 자란다.

서양금혼초는 금혼초를 닮았으며 서양에서 들어왔다고 해서 붙인 이름이다. 금혼초는 강원도를 포함하여 북쪽에서 주로 자라고, 잎을 내는 줄기가 있다는 점이 서양금혼초와 다르다. 서양금혼초는 잎을 내는 줄기가 따로 있지 않고 잎은 뿌리에서만 나온다. 금혼초라는 말은 노란색 꽃이 피기 때문에 황금초 또는 금은초 등으로 불리다가 금혼초가 된 것으로 보인다.

양미역취는 북아메리카가 원산지인 국화과의 여러해살이풀로 들어온 시기는 분명하지 않지만 밀원 식물로 도입되어 생태계에 유입된 것으로 보인다. 줄기의 높이가 100~250cm로 크고 군락을 이루어 확산하며 토종 식물의 생육을 방해하기 때문에 생태계 교란 야생 생물로 지정하였다. 비슷한 식물로는 미국미역취가 있는데, 이것도 북아메리카가 원산지로 국화과에 속하는 여러해살이풀이다. 식물체가 양미역취보다 작아 50~150cm 정도다. 미국미역취는 관상용으로 도입한 것이 야생으로 확산되었다고 추정한다. 양미역취와 마찬가지로 군락을 이루어 확산되기 때문에 다른 식물의 생육을 방해한다. 아직은 생태계 교란 야생 생물로 지정되지는 않았지만 더 확산되지 않도록 주의를 해야만 하는 식물이다.

양미역취와 미국미역취는 둘 다 우리나라에 자생하는 미역취와 닮았고 미국에서 왔기 때문에 양미역취와 미국미역취라는 이름을 붙였다. 미역취는 우리나라 전국 산과 들의 볕이 잘 드는 곳에 자라며 7~10월에 두상화 3~5개가 우산 모양 꽃차례를 이루고

양미역취(왼쪽)와 미국미역취(오른쪽). 미국에서 왔으며 미역취를 닮아 붙인 이름이다. 이 중 양미역취는 생태계 교란 야생 생물로 지정되었다.

가장자리에 설상화가 배열되어 핀다. 미역취의 종류로 특히 울릉도 특산 식물인 울릉미역취는 나물과 약용으로 널리 쓰인다. 미역취와 울릉미역취에 비해 양미역취와 미국미역취는 두상화와 설상화가 많이 모여 피기 때문에 구별이 쉽다.

양미역취는 줄기에 털이 많고 잎의 윗부분이 갈라지지 않으며 설상화의 암술대가 밖으로 길게 나는데 이 특징으로 양미역취와 미국미역취를 구분할 수 있다. 꽃피는 시기도 대개 미국미역취가 8~9월로 일찍 피고 양미역취는 9~10월에 핀다.

날카로운 가시로 무장한 외래 식물

도깨비가지는 가짓과에 속하는 여러해살이풀인데 줄기, 잎자루, 잎 뒷면 주맥에 날카로운 가시가 있어 마치 도깨비방망이와 비슷하다고 해서 붙여진 이름이다. 북아메리카가 원산지인 귀화 식물로 우리나라 전역에 확산되었다. 가짓과에 속하기 때문에 꽃 모양이 가지와 똑같고 열매도 가지와 같지만 방울토마토처럼 동그랗게 열린다. 토마토 역시 가짓과이며 감자, 고추, 피망 등이 가짓과에 속한다. 따라서 이들은 모두 꽃 모양과 열매 모양이 똑같다.

우리가 먹는 부분이 감자의 덩이줄기인데 감자는 열매를 맺고 씨앗으로 번식하지 않고 덩이줄기로 번식한다. 꽃은 화려하게 피우지만 열매는 거의 맺지 않는다. 아주 가끔 감자 열매를 볼 수 있는데 방울토마토와 똑같다.

가지, 감자, 토마토 등 가지속에 속하는 식물은 솔라닌이라는 독성 물질을 지니고 있다. 그래서 속명에 솔라눔Solanum이라는 말이 들어가 있다. 솔라닌은 아린 맛이 나는 독성 물질로 구토, 복통, 현기증 등을 일으키는데 이는 이 식물들이 곤충의 공격을 막기 위해 만들어 내는 살충 성분의 화학 물질이다. 특히 감자의 싹에 많이 들어 있으므로 조심해야 한다.

도깨비가지 또한 가지속에 속하며 솔라닌 성분을 가지고 있어 열매가 주황색으로 탐스럽게 익었다고 해서 함부로 먹으면 안 된다. 도깨비가지는 목초지를 비롯해서 어디서든 잘 자라고 독성이 있어 가축의 섭식을 방해하고 날카로운 가시가 많아 다루기가 쉽지 않아 생태계 교란 야생 생물로 지정되었다.

도깨비가지는 왕성한 번식력으로 열매를 많이 맺는 여러해살이풀이며 땅속줄기로도 번식하므로 확산이 빨라 제거하기가 어려운 식물이다. 이런 까닭에 목초지 주변에서는 조경 자재나 사료 등에 씨가 섞이지 않도록 주의해야 한다.

제주도의 목장 주변에서 도깨비가지보다 더 크고 가시도 더 무시무시한 개체가 발견되어 골치를 앓고 있다. 이 식물은 왕도깨비가지라고 하는데 도깨비가지와 비슷하며 남아메리카가 원산지인 식물로 식물체 전체가 날카로운 가시로 덮여 있다고 해도 과언이 아니다. 가시의 길이도 도깨비가지가 보통 5mm 정도인 반면 왕도깨비가지는 20mm에 이를 정도다. 아직 생태계 교란 야생 생물로 지정되지는 않았지만 주의할 필요가 있는 외래 식물이다.

가시박은 박과에 속하는 한해살이풀이며 덩굴 식물이다. 우리가 흔히 먹는 수박, 참외, 오이, 호박, 멜론 등이 박과에 속한다. 가

도깨비가지는 가짓과에 속하며 줄기에 도
깨비방망이처럼 가시가 삐죽삐죽 나 있어
붙인 이름이다.

시박은 북아메리카가 원산지로 1990년 즈음 귀화 식물이 되었다
고 보고 있으며, 강원도 철원, 경기도 수원 등에서 발견된 이후 전
국으로 퍼지고 있다. 가시박은 암꽃과 수꽃이 다르지만 한 그루에
피는 암수한그루인데 이는 박과 식물의 특징이다. 열매는 3~10개

한 구역을 덮고 있는 가시박 줄기와 잎. 아래는 가시박의 열매로 전체에 가느다란 가시가 덮여 있다.

가 뭉쳐 송이를 이루며 가느다란 가시에 덮여 있어 '가시박'이라는 이름을 붙였다. 가시박은 버려진 땅에서도 잘 자라고 물가 주변, 길가, 산자락에서 빠르게 확산하고 있다. 특히 덩굴 식물이기 때문에 토종 식물의 성장을 억제하여 식생을 파괴한다. 이런 이유로 가시박은 생태계 교란 야생 생물로 지정되었다.

가시박의 학명은 _Sicyos angulatus_ 시키오스 안굴라투스인데 시키오스는 오이 또는 박을 뜻하며 안굴라투스는 줄기가 각이 져 있다는 뜻이다. 가시박은 열매에 가시가 있어 동물의 털에 잘 달라붙어 퍼지게 된다. 자생종인 환삼덩굴도 생태계 교란 야생 생물로 지정되었는데 덩굴 식물인 가시박도 수많은 덩굴손으로 주변을 뒤덮어 버리는 경우가 많다. 군락을 이룬 모습을 보면 어떤 식물도 살수 없을 것처럼 보인다. 가시박의 잎은 오각형 모양으로 얕게 갈라져 있으며 가시 같은 잔털이 나 있다. 줄기에도 연한 털이 있고 각이 져 있으며 덩굴손이 3~4개로 갈라져 주변 물체를 감으면서 뻗어 나간다.

가시상추는 말 그대로 잎과 꽃이 상추를 닮았는데 가시가 많아 붙인 이름이다. 가시상추 잎 뒷면 주맥에는 날카로운 가시가 줄줄이 나 있고 식물체 전체에도 가시가 많이 나 있다. 가시상추는 국화과 왕고들빼기속에 속하는 한두해살이풀로 유럽이 원산지이고 1990년대 수입 농산물에 섞여 들어와서 생태계로 유입된 것으로 보인다. 7~10월에 농촌 들판이나 밭둑, 숲 가장자리에 연한 노란색 민들레의 꽃처럼 피어 있는 모습을 볼 수 있는데 이것이 왕고들빼기다. 왕고들빼기는 우리가 즐겨 먹는 상추의 야생종과 비슷하다. 상추 역시 왕고들빼기속에 속한다. 왕고들빼기의 속명은 _Lactuca_ 락투카인데 식물체를 자르거나 상처를 내면 하얀 유액lactose락토스이나오기 때문에 붙인 것이다.

상추와 가시상추 역시 상처를 내면 하얀 유액이 나온다. 김치를 담가 먹기도 하는 고들빼기라는 국화과 식물도 있는데 왕고들빼기와 달리 고들빼기속에 속한다.

가시상추의 잎은 햇빛을 잘 받을 수 있도록 사각에 따라 배열을 달리하는 것이 특징이다. 한낮에 햇빛이 강할 때 줄기에서 난 잎들은 지면과 수직으로 세워져 뿌리에서 난 잎들이 햇빛을 잘 받을 수 있도록 한다. 줄기에서 난 잎들은 태양이 비추는 각도가 비스듬한 오전과 오후에 햇빛을 잘 받을 수 있도록 편다. 이것은 수분 손실을 최소화하는 데도 도움이 된다. 줄기에서 난 잎들을 한낮에 지면과 수평으로 펴고 있으면 수분을 빼앗겨 말라 죽을 수도 있기 때문이다.

국화과 식물은 작은 꽃이 여러 개 모여 하나의 큰 꽃처럼 보이는 특징이 있다. 민들레를 생각하면 쉽게 알 수 있다. 민들레의 둥근 꽃은 하나의 꽃 같지만 사실은 수많은 꽃이 모여 있는 것이다.

국화과 식물은 씨앗을 많이 만든다는 특징도 있다. 국화과 식물 중 생태계 교란 야생 생물로 지정된 것들은 씨앗을 다량으로 퍼뜨려 서식지를 넓히고 토종 식물의 성장을 방해한다.

1 생태계 교란 야생 생물 중 식물은 총 16종입니다. 이 중 국화과 식물이 7종으로 가장 많습니다. 그 이유가 무엇인지 국화과 식물의 특성을 고려하여 생각해 봅시다.

....

....

2 사람에게는 해를 끼치지만 다른 식물에게 도움이 되는 외래 식물과 사람에게는 도움이 되지만 다른 식물에게 해가 되는 외래 식물이 있다고 합시다. 여러분이 한 부류를 없앨 수 있다면 어느 것을 없앨지 생각해 봅시다.

....

....

3 생태계 교란 야생 생물 중 식물은 사람에게 해를 끼치거나 토종 식물의 성장을 방해합니다. 이런 식물의 특징을 이용할 수 있는 방안을 생각해 본다면 무엇이 있을까요?

....

....

4 여러분은 식물 수입업자입니다. 관광지나 공원 등지에서 환상적인 분위기를 연출하기 위해 외국에서 비싼 돈을 들여 수입한 식물이 생태계 위해성 평가에서 1급 또는 2급 판정을 받게 된다면 여러분은 수입하기 전에 무엇을 점검해야 했을까요?

....

....

미스김라일락과 잉거비비추

일제 강점기에 일본 식물학자 나카이 다케노신은 10년 동안 우리나라에 머물면서 식물 조사를 하고 학명에 본인의 이름을 붙였다. 당시 우리나라에서는 식물을 체계적으로 연구하지 않았고 따라서 학명이 제대로 붙여지지 않았다.

일제 강점기니 일본은 그렇다 쳐도 미국도 우리 식물을 반출해 갔다. 20세기가 되면서 영국, 미국, 네덜란드 등 강대국들은 생물 자원의 가치를 일찌감치 알아보고 전 세계를 누비며 특이한 동식물을 가져갔다. 일제 강점기가 끝난 한반도는 강대국에게는 무주공산이었다. 남한은 미국이 북한은 소련이 점령하게 되고 군인들이 몰려왔다. 군인뿐만 아니라 학자도 들어오게 되는데, 그중에 식물학자와 식물채집가는 전국을 돌며 우리나라 특산 식물을 조사하고 채집했다.

미국의 식물채집가 엘린 미더는 북한산에서 수수꽃다리라고도 부르는 털개회나무 종자를 채집해 미국으로 돌아갔다. 미더는 털개회나무를 개량해 '미스김라일락'이라는 이름으로 전 세계에 수출한다. 막대한 로열티를 받고 말이다. 우리나라에서 수입해도 마찬가지다. 미스김라일락처럼 우리나라의 특산 식물이 우리도 모르게 외국으로 반출되었다가 남의 나라 식물로 둔갑해 비싼 금액을 들여 수입하는 경우가 늘고 있다.

1917년 영국 출신 미국의 식물학자 어니스트 윌슨은 제주도 한라산에서 구상나무를 채집하여 미국으로 가져갔다. 이 구상나무는 적당한 크기로 자라도록 개량되어 크리스마스트리로 둔갑하여 전 세계로 퍼져 나갔다.

1982년 미국의 식물학자 잉거리 존슨은 홍도에서 특이한 비비추 종류를 발견하고 역시 미국으로 가져갔다. 전 세계에 비비추 종류는 많지만 광택이 나는 잎을 가진 비비추는 홍도비비추가 유일하다. 이 홍도비비추는 우리나라에서만 나는 특산 식물이다. 홍도비비추 역시 '잉거비비추'라는 이름으로 전 세계에 팔려 나가고 있다.

5부

공존과 관리가
필요한 외래 동식물

외래 작물이 바꾼 세계의 역사

1492년 크리스토퍼 콜럼버스는 아메리카 대륙을 발견했다. 이탈리아 출신 탐험가 콜럼버스가 험난한 항해 끝에 신대륙을 발견할 수 있었던 이유는 에스파냐 여왕 이사벨의 지원을 받았기 때문이다. 콜럼버스는 대서양을 가로질러 항해하면 인도에 닿을 것이고 인도 남부가 원산지인 '후추'를 확보할 수 있다고 이사벨 여왕을 설득했다. 당시 후추는 그야말로 금값이었다. 유럽에서 후추는 고기의 맛을 더해 줄 뿐만 아니라 고기를 오래 보관하는 데도 절대적으로 필요한 향신료였다. 따라서 후추를 확보하는 나라가 유럽의 패권을 손아귀에 넣는 것과 같았다. 포르투갈의 바스코 다 가마가 아프리카를 돌아 인도로 향하는 항로를 개척한 이유도 후추를 확보하기 위해서였다.

콜롬버스가 오랜 항해 끝에 도착한 곳은 인도가 아니라 아메리카였다. 유럽인으로 아메리카에 도착한 사람은 콜럼버스가 처음이 아니다. 이미 그보다 500여 년 전 바이킹이 캐나다 동부에

닿았다는 기록이 있다. 어쨌든 콜럼버스가 새로운 식민지와 이주의 땅을 얻은 것은 의미있는 일이었다. 하지만 콜럼버스는 그토록 원하던 후추를 찾을 수 없었다. 콜럼버스가 도착한 곳이 인도가 아니었기 때문이다. 콜럼버스는 후추 대신 '고추'를 발견한 뒤 고추를 후추로 속여 에스파냐에 보냈다. 그래서 아메리카 원주민이 '인디언'이 되었고, 중앙아메리카 해안에 있는 카리브해의 섬들이 '서인도제도'가 되었고, 고추가 '붉은 후추'라는 뜻의 Red Pepper 또는 '매운 후추'라는 뜻을 지닌 'Hot Pepper'가 되었다. 고추를 개량해서 만든 피망을 Green Pepper, 파프리카를 Sweet Pepper라고 부르는 이유는 고추를 후추의 일종이라고 생각했기 때문이었다. 그러나 고추는 유럽인에게 너무 매웠고 풍미 또한 후추와 달라 향신료로 받아들이지 않았다.

1500년 포르투갈의 페드루 알바르스 카바랄이 남아메리카 동부 해안에 도달해 브라질을 식민지로 삼았고 고추를 알게 되었다. 비타민 C가 풍부한 고추가 오랫동안 항해하는 뱃사람에게 치명적인 괴혈병을 낫게 한다는 사실이 알려지면서 고추는 아프리카와 아시아로 전해지게 되었다. 이렇게 퍼진 고추가 임진왜란 때 일본을 통해 우리나라에 들어오게 되었다. 고추가 임진왜란 때 우리나라에서 일본으로 전해졌다는 기록도 있어 고추의 우리나라 유입에 관한 사실은 명확하지 않다.

콜럼버스의 아메리카 대륙 발견 이후 유럽인들은 아메리카 곳곳을 탐험하면서 감자를 찾아냈다. 감자 또한 유럽으로 전해졌지

후추는 인도 남부가 원산지로 고기의 맛
을 더해 줄 뿐만 아니라 고기를 오래 보
관하는 데도 꼭 필요한 향신료였다. 유
럽 사람들이 후추를 얻기 위해 대항해
시대를 열었다고 해도 과언이 아니다.

피망과 파프리카는 모두 가짓과에 속하며 고추hot pepper를 개량해서 만든 피망을 green pepper, 파프리카를 sweet pepper라고 한다. 피망과 파프리카는 특별히 구분하지 않고 모두 '단고추'라고 부르기도 한다.

감자에서 우리가 먹는 부분은 뿌리가 아닌 덩이줄기다. 고구마의 경우는 덩이뿌리를 먹는다.

만 덩이줄기를 먹는 데 익숙하지 않았던 유럽인이 감자의 싹과 햇빛에 녹색으로 변한 부분을 먹고 솔라닌Solanine 중독으로 죽는 사고가 발생했다. 그래서 한동안 유럽에서 감자는 궁전에서 꽃을 감상하기 위해서 재배한 작물에 불과했다. 이후 감자를 이용하는 방법이 알려지면서 감자는 유럽 요리를 하는데 중요한 재료로 인정받게 되었다. 감자는 열량이 많은 식재료여서 이것을 많이 먹은 유럽인들이 남아도는 에너지로 식민지 건설에 열을 올렸다는 이야기도 전해진다.

미국을 강대국으로 만든 원동력이 감자라고 하면 믿겠는가? 영국에도 물론 감자가 전해졌다. 그런데 엘리자베스 1세가 감자의 솔라닌에 중독되는 바람에 감자의 보급이 늦어지게 되었다. 보급이 늦어지기는 했지만 아일랜드에서는 척박한 땅에서도 잘 자라는 감자가 귀중한 식량이 되었다. 17세기 즈음에 아일랜드에 감자가 보급되었는데 감자 덕분에 19세기 초 아일랜드의 인구가 300만 명에서 800만 명으로 늘어났다고 한다. 그런데 1840년대 아일랜드에 감자 역병이 퍼져 대기근이 닥치게 되었다. 이때 400만 명에 달하는 아일랜드 사람이 굶주림을 피해 미국으로 이주하였다.

이 시기에 이주한 아일랜드 사람의 노동력으로 미국은 공업화와 근대화를 이루면서 세계 최강 공업 국가로 자리매김하게 되었다. 이 이주민 중에서 성공한 사람이 바로 미국 제35대 대통령인 J. F. 케네디의 할아버지였다. 케네디 가문은 이렇게 해서 탄생했고, 레이건, 클린턴, 오바마도 아일랜드계이며 월트 디즈니와 맥도널드도 마찬가지다. 감자가 미국을 강대국으로 만들었다고 해도 과언이 아니다.

토마토 역시 남아메리카가 원산지로 콜럼버스가 신대륙에 발을 디딘 이후 16세기 아스텍 문명을 정복한 에스파냐의 에르난 코르테스가 토마토를 처음 발견했고 유럽으로 전했다. 토마토는 멕시코 아스텍인들이 소중하게 재배해 온 작물이었지만 유럽인들에게는 아주 낯선 식물이었다. 감자와 마찬가지로 독이 있고, 흔히 볼 수 없었던 빨간색 열매에 대한 거부감으로 200년 가까이 외면당했다. 18세기가 되어서야 이탈리아의 나폴리 사람들이 식재료로 이용하면서 먹기 시작했다. 스파게티의 본고장이 나폴리인데 스파게티 소스로 토마토를 사용하면

토마토 역시 고추와 같은 가짓과 작물이며 남아메리카가 원산지다.

서 '나폴리타나'라는 파스타가 탄생한 것이다.

어찌 보면 크리스토퍼 콜럼버스 덕분에 아메리카 대륙이 원산지인 고추, 감자, 토마토가 전 세계에 퍼져 중요한 식량이 됐는지도 모른다. 콜럼버스가 진정 원했던 것은 후추였지만 말이다. 고추, 감자, 토마토는 아메리카 대륙이 원산지라는 점 말고도 모두 가짓과에 속한다는 공통점이 있다. 가짓과에 속하는 식물들은 정도의 차이는 있지만 독성 식물들이다. 곤충에게서 자신을 보호하기 위해 분비하는 독성 물질 즉, 화학 물질 때문에 고추에서 매운맛과 토마토에서 아린 맛이 나는 것이다.

감자는 땅속의 덩이줄기만 먹을 수 있고 토마토는 열매만 먹을 수 있다. 잎이나 줄기는 먹지 않는다.

니코틴이라는 중독성 물질을 함유하고 있는 담배 또한 남아메리카가 원산지인 가짓과 식물이다. 16세기 에스파냐에 전해지면서 유럽으로 전파되었고, 포르투갈 상인들에 의해 중국, 일본에 임진왜란 때 우리나라에 들어오게 되었다.

아메리카 대륙에서 자생하거나 재배하던 식물을 필요 때문에 유럽에 있는 나라로 들여오는 것이 바로 외래 식물의 의도적 도입이다. 고추, 감자, 토마토는 맵고 독성이 있는 식물이고 담배는 중독성이 강한 식물이지만 도입 뒤 각각의 용도에 맞게 발전되어 지금은 전 세계적으로 재배하는 식물이 되었다. 식물 중 필요에 의해

담배는 남아메리카가 원산지인 가짓과 식물로 임진왜란 때 우리나라에 들어왔다.

고구마의 덩이뿌리(위쪽)와 꽃(아래쪽). 고구마도 남아메리카가 원산지며 에스파냐를 통해 유럽으로
전해졌다. 고구마는 메꽃과에 속하는 덩굴식물이며 꽃이 드물게 피지만 꽃 모양을 보면 나팔꽃과 똑
같다. 나팔꽃도 메꽃과 속한다.

서 일부러 심어 기르는 것이 작물이다. 작물은 식량과 밀접하기 때문에 생태계에 비의도적으로 유입되어도 해를 미친다고 볼 수 없다. 하지만 작물로서 가치가 없다고 알려진 식물은 생태계에 교란을 일으킬 수 있다. 같은 가짓과 식물이지만 도깨비가지는 생태계 교란 야생 생물로 지정되어 관리를 받고 있다. 털물참새피와 갯줄풀은 벼, 보리, 밀과 같은 볏과이지만 생태계 교란 야생 생물이다.

전 세계에서 가장 많이 재배하는 작물은 무엇일까? 우리나라 사람들이 주식으로 하는 벼일까? 정답은 옥수수다. 옥수수는 밀, 벼와 함께 '세계 3대 작물'로 역시 아메리카가 원산지다. 고추, 감자, 토마토와 같이 에스파냐를 통해 유럽으로 퍼졌고 중국을 거쳐 우리나라까지 들어오게 되었다. 고구마도 에스파냐가 유럽에 전파했고, 18세기 일본 대마도에서 통신사였던 조엄이 우리나라에 가져왔다.

대륙에서 대륙으로 전해진 외래 식물이 인류의 생명을 책임지게 된 것이다. 후추를 찾아 떠난 콜럼버스는 결국 세계 곳곳에 필요한 작물을 퍼뜨려서 세계 역사를 바꾼 셈이다.

외래 생물은 관리하기 나름!

식량이 되는 작물이나 자원이 되는 식물은 의도적으로 도입하여 재배하지만, 비의도적으로 유입된 식물과는 다른 관리가 필요하다. 그래서 나라마다 자국의 자생 식물과 생물 다양성을 보호하기 위해 법률을 제정하고 관리 체계를 수립하는 것이다. 또한 생태계에 유입되었을 때 위해를 미칠 우려가 있는 종은 그 위해성에 따라 관리 방안과 강도를 달리 하여 국가 차원에서 관리하게 된다. 우리나라는 [생물 다양성 보전 및 이용에 관한 법률]에 따라 '생태계 교란 야생 생물'을 지정하고 관리하고 있다.

우리나라의 외래 생물에 관한 전체 관리와 대응은 환경부가 주관한다. 하지만 외래 생물을 관리하고 대응하는 일은 환경부의 소관으로만 끝나지는 않는다. [생물 다양성법 시행령]에 따라 국가생물다양성위원회가 구성되어 운영 중이다. 국가생물다양성위원회는 외래생물관리실무위원회 산하 12개 부처와 민간 전문가로 구성되어 있다. 환경부·기획재정부와 관세청·농림축산식품부와 농진청·산림청·검역본부·해양수산부·국토교통부·과학기술정보통신부·행정안전부·질병관리청의 관련 책임자를 위원으로 하고 환경부 차관이 위원장을 맡는다. 이렇게 정부 위원은 13명이며 여기에 민간 관계 전문가 7명으로 위원회를 구성한다.

환경부는 외래 생물 관리의 총괄 주관 부로 외래생물관리실무위원회 등 위해 외래 생물 관계 부처의 협의체를 운영하고 제도 개선을 주관한다. 국경 주변 지역 및 자연 생태계 예찰과 방제 주관 및 협조를 하도록 되어 있다. 여기에 환경부 소속 국립생태원은 외래 생물 관리에 대한 종합 대응 매뉴얼을 제작해서 분류군별·종별 대응 방안을 강구하고 국민을 위한 홍보 업무를 하고 있다.

기획재정부와 관세청은 외래 생물의 유입 가능성이 높은 컨테이너 정보를 검역 본부에 제공한다. 또한 보세 구역 내 외래 생물 등을 확인·점검하며 항만 등 국경 지역의 예찰과 방제에 협조한다. 농림축산식품부와 검역본부는 식물 검역 대상에 대한 검역과 식물 외 검역 대상 화물에 대한 점검을 주관한다. 또한 항만 등 국경 지역 예찰과 방제에 협조한다. 농진청과 산림청은 국경 주변 지역 및 자연 생태계 중 농지, 산지 지역의 예찰과 방제를 한다. 또한 검역 병해충 방제에 따른 방제 비용을 지급하고 보존한다.

해양수산부는 항만 내 위해 야생 생물 잠재 서식 환경 정비와 방역을 하며 빈 컨테이너 내·외부 소독을 실시한다. 또한 항만 등 국경 지역의 예찰과 방제에 협조한다. 국토교통부는 공항 활주로 주변 등 외래 생물 서식 우려 지역을 관리하고 소독하며 국경 주변 지역과 자연 생태계 중 도시 공원 같은 소관 지역을 예찰하고 방제에 협조한다. 행정안전부는 지자체의 예찰과 방제 활동 등을 지원한다. 질병관리청은 외래 생물로 인한 인체 피해 예방과 대처 요령을 홍보하도록 되어 있다.

외래 생물의 관리 정책은 우리나라 고유 생태계와 생물 자원을 보호하는 것이 목표다. 또한 위해 외래 생물을 차단하고 제거 체계를 마련하기 위해 수립되어야 한다. 환경부는 이런 정책을 실현하기 위해 5대 추진 전략을 수립했다.

외래 생물이 더는 확산되지 않게 하기 위해 물리적 방제, 화학적 방제, 생물학적 방제를 한다.

첫째는 미유입 위해 의심종의 사전 관리 강화, 둘째는 국내 유입 외래 생물 위험 관리 강화, 셋째는 외래 생물 확산 방지 체계 구축, 넷째는 외래 생물 관리 기반 확충, 다섯째는 대외 협력 및 국내 홍보 강화다.

외래 생물 관리 정책의 전체적인 방향은 유입 주의 생물종의 차단 관리, 국내 유입 외래 생물의 위험 관리, 미유입 생물과 기유입 외래 생물의 위해성 평가 강화, 외래 생물의 종별 확산 방지, 인접 국가 간 협력과 대국민 홍보 및 교육이다.

5대 추진 전략에 대한 추진 과제는 이런 방향에서 만들어진 것이다. 먼저 미유입 위해 유입종의 사전 관리 강화를 하기 위해서는 유입 주의 생물 지정 및 관리 기반을 마련해야 한다. 국내 유입 시 생태계에 위해를 미칠 우려가 있는 생물을 위해 우려종으로 지정하고 수입할 때 환경부 장관의 승인을 받도록 규정한다. 생태계 교란 생물 등 법적 관리종에 적용되는 규제를 피해 특성이 유사한 종을 반입하는 사례 또한 관리 대상이다.

위해 우려종 수입·반입 승인 이후 후속 관리 체계가 부재하여 부적절한 증식 및 생태계 유출 등 국내 생태계 위해 요소에 무방비로 노출되는 일이 없도록 해야 한다. 따라서 기존 위해 우려종과 국제적으로 위해성이 확인된 생물종을 포함하여 인접국^{중국, 일} ^{본 등} 및 주요 교역국^{미국, EU 등}의 법정 관리 대상 위해 생물종을 유입 주의 생물종으로 지정해야만 한다.

사회적 또는 생태적 피해를 일으키는 사례가 있는 생물종을 비롯하여 생태계 교란 생물종의 유사종에 대해서도 유입 주의 생물종 지정을 추진해야 한다. 국내 미유입종이라도 위해성 평가 결과 생태계 위해 우려가 크다면 생태계 교란 생물로 지정하여 사전 관리가 되도록 해야 한다. 국경 지역의 외래 생물 관리 사각지대를 없애는 것도 과제 중 하나다.

국경 지역은 외래 생물이 유입되는 첫 관문이다. 국경 지역에서는 인위적이 아니더라도 자연적으로 생물종이 유입될 수 있다. 국경 지역의 관리는 행정 부처별 역할이 각각 다르다. 환경부는 생태계 교란 방지, 농림축산식품부는 식물 위해 방지, 보건복지부는 감염병 예방 목적으로 관리 대상종을 지정하고 관리한다.

환경부는 [생물다양성법]에 따라 생태계 교란 생물종과 위해 우려종을 지정 관리한다. 농림축산식품부는 [식물방역법]에 따라, 농림축산검역본부는 국경 지역에서, 농업진흥청은 농경지에서, 산림청은 산지에서 식물에 해를 끼치는 병해충식물 검역 대상 물품, 규제 병해충, 목재 포장재, 병해충 전염 우려 물품을 관리한다. 보건복지부의 질병 관리청은 [검역법]에 따라 국경 지역에서 감염병 매개체쥐, 위생 해충를 관리한다.

생태계 교란 야생 생물이나 위해 우려종의 지정 관리는 발생 지역의 특성을 고려하여 역할 분담을 명확히 해야 한다. 필요시 관계 부처별 관리 대상종을 중복 지정하여 이중 방어막을 구축하는 것이 중요하다. 국경 지역의 외래 생물 관리는 지역의 특성상 관계 부처별 정보 공유 및 협업 체계가 구축되어야 한다.

외래 생물에 대해서는 종별 형태적·유전적 판별 역량을 강화하는 것이 중요하다. 일부 위해 외래 생물의 경우는 국내 토착종과 형태가 유사하여 종의 판별을 위한 전문가와 유전자 분석 시스템이 필요하다. 유입 주의 생물종의 최신 분류 체계에 따라 종 목록을 재정비하고 명칭을 통일하려는 노력이 있어야 한다. 이름이 부여되지 않은 유입 주의 생물에 대해서는 전문가의 의견 등을 거쳐 형태적·생태적 특성을 반영한 국명을 부여해야 한다.

끈끈이 트랩에 잡힌 꽃매미 떼. 가죽나무 수액을 좋아하는 꽃매미는 포도나무 등 과수에 피해를 입힌다.

예를 들어 생태계 교란 야생 생물인 '꽃매미'의 경우 당초 '희조꽃매미', '화산꽃매미', '주홍날개꽃매미' 등 여러 국명이 혼용되어 혼란을 초래했으나 국가 생물종 목록에서 '꽃매미'로 통일하는 것으로 결정되었다.

유입 주의 생물 등 주요 외래 생물에 대한 형태학적 판별 매뉴얼을 마련하여 종판별 기법의 고도화와 체계화를 이루어야 한다. 유입 주의 생물 반입 현장에서 비전문가인 관계자_{관리 담당자}가 종의 판별을 신속하게 할 수 있는 유전자 키트 및 DNA 칩을 개발하여 관계 기관에 보급하는 일도 중요하다. 또한 모든 자료를 데이터베이스화하여 관리를 강화해야 한다.

국내 유입 외래 생물의 위험 관리 강화에도 힘써야 한다. 의도적이든 비의도적이든 이미 국내에 유입된 외래 생물의 서식·분포 현황을 파악하고 맞춤형 모니터링 체계를 개선해야 한다. 특히 주요 항만과 공항 등 주변 지역에 대한 위해 외래 생물 조사를 강화하고 확산에 대한 예측과 모니터링을 실시해야 한다. 국내에 유입된 외래 생물의 목록을 정비하고 모니터링 대상을 선정하여 우선순위를 설정하고 모니터링 주기를 차등화해야 한다. 위해성 정도에 따라 심각은 매년, 주의는 격년, 보통은 5년 주기로 모니터링을 하게 된다.

주요 위해 외래 생물에 대해서는 항만, 공항, 내륙 컨테이너 기

농경지에 침입한 외래 식물을 낫이나 호미로 제거하는 것은 물리적 방제로 뿌리까지 완전
히 제거하지 않으면 다시 자라난다.

지, 컨테이너 전용 보세 구역 등을 매월 1~2회 조사하며 그 외 외래 생물에 대해서도 위해성 평가 체계를 개선해야만 한다. 미유입 생물에 대한 위해성 평가 체계를 구축하고 위해성 평가 기준을 정량화하고 위해성 등급 산정 체계를 개편하는 것이다.

관련 부처별 관리 목적에 따라 동식물 및 병해충 등에 관한 위해성 평가 규정이 있다.

환경부 소속 국립생태원은 [생물다양성법]에 따라 외래 동식물을 대상으로 위해 우려종에 대한 수입·반입 승인을 위한 위해성 검사를 실시한다. 또한 외래 생물의 생태계 위해성 평가를 시행한다. 농림축산식품부의 농림축산검역본부는 [식물방역법]에 따라 식물 병해충, 미생물, 해충, 지정 검역물에 대한 병해충 위험 분석, 금지품에서 제외되는 병원체 결정을 위한 수입 미생물 위험 평가, 금지품에서 제외되는 해충 결정을 위한 위험 분석을 시행한다. 또한 [가축전염예방법]에 따라 지정 검역물을 대상으로 수입 위험 분석을 한다.

농림축산식품부의 농촌진흥청은 [곤충산업법]에 따라 곤충산업용 곤충 포함을 대상으로 곤충의 생태계 위해성 심사를 시행하고 [식물방역법]에 따라 식물 병해충을 대상으로 농작물 병해충 위험을 평가한다.

해양수산부는 [수산생물질병법]에 따라 수산 생물을 대상으로 수산 생물 수입 위험 분석을 실시한다.

국립생태원의 위해성 평가는 세 가지 등급으로 나뉜다. 1등급은 생태계 위해성이 매우 높고 향후 생태계 위해성이 매우 높아질 가능성이 우려되어 관리 대책을 수립하여 퇴치를 포함한 관리가 필요한 종을 말한다. 위해성 평가에서 1등급을 받으면 '생태계 교란 생물'로 지정할 수 있다.

2등급은 생태계 위해성은 보통이나 향후에 생태계 위해성이 높아질 가능성이 있어 확산 정도와 생태계 등에 미치는 영향을 지속적으로 관찰할 필요가 있는 종을 말한다.

3등급은 생태계 위해성이 낮아서 별도로 관리할 필요가 없는 종으로서 향후에 생태계 위해성이 문제되지 않는다고 판단하는 종을 말한다.

하지만 위해성 평가 항목의 세분화와 기준에 대한 정량화가 필요한 실정이다. 다각적 평가를 위해 국내 생태계 침입성과 생태·사회적 영향을 구분하여 수치화한 뒤 이를 종합하여 생태계 위해성 점수로 산정할 필요가 있다. 여기에 경제 가치를 평가하여 생태계 위해 우려 생물 지정 여부 판정 시 활용하는 것이다.

침입성은 유입 가능성 3점, 정착 가능성 3점, 확산 가능성 3점을 평가해 평균을 낸다. 생태·사회적 영향은 생태계, 인체, 사회에 미치는 영향을 3점으로 평가한 뒤 침입성 평균 점수와 생태·사회적 영향 점수를 곱해 종합 위해성 점수를 산정한다. 이렇게 산정한 종합 위해성 점수가 5점 이상인 경우 위해성이 높은 종으로 판정하여 1등급으로 분류한다. 여기에 경제 가치가 1~2점이면 생태계 교란 생물로 지정을 추진하고 경제 가치가 3점이면 생태계 위해 우려 생물로 지정을 추진하는 것이다.

2등급은 종합 위해성 점수가 2.5점 이상 5점 미만인 경우다. 특정 생물종이나 보호 구역 등 특정 지역에서 위해성이 높은 경우 생태계 위해 우려 생물로 지정할 것을 추진하며 그 외는 관리 비대상으로 분류한다.

종합 위해성 점수가 2.5점 미만인 경우 위해성이 낮은 종으로 판정하여 관리 비대상인 3등급으로 분류한다.

위해성 평가 항목은 종에 관한 기본 정보 외에 모두 5가지로 구성된다. 종의 기본 정보는 학명, 영명, 이명 및 계통수 등 분류학적 정보와 원산지, 침입지, 서식 환경, 인간의 이용 현황과 국내외 규제 현황 등을 파악하는 것이다. 나머지 5가지 항목은 다음과 같다.

첫째, 유입 가능성은 유입 주의 생물이 국내 이용을 위하여 의도적으로 수입·반입될 가능성과 비의도적으로 유입될 가능성을 평가하는 것이다.

둘째, 정착 가능성은 원산지 및 국외 분포 지역과 우리나라의 기후 및 서식 환경을 반영하여 유입 주의 생물 또는 국내 기유입 미정착 생물의 향후 생태계 정착 가능성을 평가하는 것이다. 세부적으로는 기후의 적합성, 서식지 비생물적 환경에 대한 내성, 생육·번식에 필요한 먹이, 수분 매개자, 산포 매개자, 기주생물 등 여러 요소의 적합성을 평가하는 것이다.

셋째, 확산 가능성은 유입 주의 생물 또는 기유입 미확산 생물을 대상으로 생물·생태적 특성번식력, 분산 능력 등 과 인간의 이용 등에 따른 분포 확대 가능성을 평가한다. 즉, 번식력, 분산 능력, 탈출 또는 유기 가능성, 운동 수단 및 화물 등에 부착·확산 가능성을 평가하는 것이다.

넷째, 생태·사회적 영향은 초식·포식·기생·독성·타감 작용의 영향, 경쟁 영향, 병해충 전파 영향, 교잡 영향, 주요 생물 다양성 보호 구역에 대한 영향, 생태계 생물적 요소먹이 그물과 천이 등에 대한 영향, 생태계 비생물적 요소수질과 토양 등에 대한 영향, 농림축산업에 대한 영향, 인체 건강 영향, 방제 난이도 및 비용을 평가하여 점수를 산정한다.

다섯째, 경제 가치는 대상종의 산업 이용 현황과 다른 생물로 대체하는 가능성을 평가한다.

외래 생물 관리 정책 5대 추진 전략 중 첫째는 미유입 유해 의심종의 사전 관리 강화, 둘째는 국내 유입 외래 생물 위험 관리 강화다. 셋째는 외래 생물 확산 방지 체계 구축에 관한 내용이다.

유입된 외래 생물의 확산을 방지하기 위해서는 생태계 교란 생물의 생태계 방출 제한 기준을 강화하고 불법 취급 업체 관리 강화를 위한 법정 기반을 마련해야 한다.

생태계 교란 생물종은 학술 연구, 교육 및 식용 등 예외적인 목적 외 수입·반입·사육·재배·방사·이식·양도·양수·보관·운반·유통이 금지되어 있다. 이런 규제에도 불구하고 산업 활용성 때문에 대체가 불가하여 생태계 교란 생물로 지정되지 않은 종에 대해서는 별도 관리 기준이 필요한 실정이다. 또한 미유입 생물종이나 유해 귀화종에 대한 조사와 유해 생물종 지정을 적극적으로 시행해야 한다. 더불어 생태계 교란 생물종의 관리 기준을 강화하고 적용해야 한다.

산업에 활용되는 위해 외래 생물의 법적 관리는 위해성 평가 결과 생태계에 유출될 경우 생태계 위해 우려가 있어 관리가 필요한 경우에 환경부 장관이 지정·고시한다. 이런 생물종은 멸종 위기 야생 생물 등 특정 생물의 생존이나 특정 지역 생태계에 부정적인 영향을 주거나 줄 우려가 있는 생물이다. 또한 생태계 교란 우려가 큰 생물 중 산업용으로 사용 중인 생물로서 다른 생물 등으로 대체가 곤란한 생물이다. 이런 생물을 수입·반입할 때는 목적에 따라 환경부 장관의 허가를 받거나 신고하도록 규정해야 하며 방출은 생태계 교란 생물에 준하는 엄격한 관리가 필요하다.

유입 주의 생물은 최초 수입·반입 시 위해성 평가를 실시하고 그 결과를 반영하여 국내 유입 전 생태계 교란 생물 등으로 지정·관리해야 만 한다.

생태·사회적으로 위해가 큰 생물은 생태계 교란 생물 등으로 적극 지정하여 집중 관리할 필요가 있다. 또한 외부 환경 변화 등을 고려하여 생태계 교란 생물 지정종을 개편하는 방법도 바람직하다. 즉, 서식 환경의 변화, 천적 출현 등으로 먹이 사슬이 재편되어 생태계에 적응한 경우나, 효과적인 방제 수단 개발 등으로 개체 수가 꾸준히 감소하는 경우는 지정 상태를 해제하거나 변경할 수도 있다.

생물은 분류군이나 종에 따라 특성이 다르다. 생태계 교란 생물도 특성에 따라 확산 방지 체계를 구축해야만 한다. 즉, 종별로 생태계에 미치는 교란 상황이 다르기 때문에 분류군별·종별 특성을 고려한 관리 매뉴얼이 필요하다. 이를 위해서는 더욱 다양화되는 국내 유입 외래 생물에 대한 특성을 파악하고 그 특성이 반영된 세부 관리 매뉴얼을 선제적으로 마련하여 반포해야 한다. 정확한 매뉴얼 제작을 위해서는 관련 생물종에 관한 전문가의 의견이 필수 요소다. 또한 관계 기관들의 합동 대응 체계 구축도 함께 정의 및 시행되어야 한다.

5대 추진 전략 중 넷째는 외래 생물 관리 기반을 확충하는 일이다. 붉은불개미 등 위해 외래 생물의 유입이 증가하는 추세이지만 예찰이나 방제 등을 위한 전담 인력이 부족한 실정이다. 이를 해결하기 위해서는 외래 생물 전담 인력을 확충하고 전문가 네트워크를 구성해야 한다. 이와 더불어 외래 생물의 효과적인 관리를 위한 제도 개선에 맞추어 이를 실무적으로 지원하는 국립생태원 같은 전문 기관의 질적·양적 개선도 필요하다. 행정 부처 – 전문 기관 – 전문가 등 이해 관계자들의 협력 체계가 중요하다.

위해 외래 생물을 사전에 차단하기 위한 판별 기술을 개발하는 것도 관리 기반을 확충하는 일이다. 과학 기술을 바탕으로 신속·정확하게 판별할 수 있다면 위해 가능성이 높은 미유입 외래 생물의 국내 유입을 사전에 차단할 가능성이 그만큼 높아진다. 외래 생물에 대한 판별 기술을 한 단계 발전시키기 위해서는 형태학적·유전학적 특성을 이용한 판별 장치를 개발해야 한다. 즉, DNA 키트와 DNA 칩을 만들어 수입·통관 제품을 검역할 때 활용하여 위해 우려가 높은 외래 생물의 국내 유입을 사전에 차단해야 한다. 외래 생물의 확산 예측 기술과 위해성 평가 기술 개발도 함께 이루어져야 한다. 이렇게 쌓인 정보와 축적된 기술은 외래 생물 데이터베이스를 통해 언제든지 활용할 수 있어야 하며 이런 체계를 구축 해야만 한다.

현재는 외래생물정보시스템을 통해 생태계 교란 생물을 비롯한 외래 생물 관련 정보를 제공하고 있다. 하지만 외래 생물과 관련한 단순한 정보 외에 외래 생물 확산 예측, 위해성 평가 및 퇴치 지역 선정, 관련 정책을 실질적으로 지원할 수 있는 통합 데이터베이스 구축이 필요하다. 이를 해결하기 위해서 국제적 위해 외래 생물 정보를 적극 반영하고 국내 외래 생물 관리 현황을 정기적으로 갱신해야 한다. 즉, 국내에 유입되어 있는 외래 생물의 종 목록을 현행화하고 종별 생물적·생태적 특성과 전국 서식 분포 현황 등을 제공해야 한다. 또한 애완 동식물 거래 및 정보 교환 동향과 동물원 및 전시관 등 주요 외래 생물 취급 업체와 기관의 수입 동향 및 허가 사항 등도 제공되어야 한다. 유입 주의 생물 및 생태계 교란 생물 등 법적 관리 대상 외래종 목록과 이에 대해 적용되는

규제 정보_{수입·반입·허가 절차 등}도 누구든지 쉽게 열람할 수 있도록
해야 한다.

5대 추진 전략 중 마지막 다섯 째는 대외 협력 및 홍보를 강화
하는 것이다. 이를 위해서는 국제 교류 및 외국과 하는 공동 대응
체계를 구축해야 한다. 특히 침입 외래 생물 관련 한·중·일 정책
교류를 확대하고 동북아시아 권역 위해 외래 생물 합동 조사 및
퇴치를 실시해야 한다. 우리나라 인접국은 기후 환경이 유사하고
교역이 활발하기 때문에 외래 생물에 의한 피해 양상도 유사하다.
예를 들어 2017년 6월 일본에서 붉은불개미가 발견되었는데 9월
에 우리나라에서도 발견되었다.

인접국에서 위해 야생 생물로 명시한 종은 우리나라에서도 생
태계 교란을 야기할 가능성이 높으므로 이에 대한 예의 주시와
공동 대응이 필요하다. 또한 한·중·일 정책 교류와 동북아 외래
생물 합동 조사 외에도 위해 외래 생물 제공국과 협력하는 대응
체계를 구축해야만 한다. 국가 간 교역을 할 때 외래 생물과 주요
출항지 목록을 구축하여 출항 전 외래 생물의 유입을 원천 차단
할 수 있는 방안을 공동으로 도출할 필요가 있다.

행정 부처와 관계 전문 기관의 대국민 홍보와 교육을 강화하
는 일도 중요하다. 아무리 좋은 정책이나 추진 전략도 결국 시행
하는 대상은 국민이다. 정부와 전문 기관에서는 위해 외래 생물

의 피해 사례와 대응 방안을 마련하여 홍보하고 법정 관리 외래 생물 관련 정보를 제공해야 한다. 비전문가인 일반인도 위해 우려 외래 생물을 형태적으로 쉽게 판별할 수 있도록 그 유사종 정보를 함께 수록한 어플리케이션을 개발하여 배포하는 노력도 필요하다.

수요자 맞춤형 외래 생물 관리 교육도 중요하다. 담당 공무원과 일반인 등에게 외래 생물의 표본이나 현장에서 실제로 볼 수 있도록 하는 프로그램을 제공해야 하며, 수입·판매자와 사육·재배자에게는 외래 생물에 대한 적절한 관리 방안 교육이 이루어지도록 해야 한다.

외래 생물의 종 판별 기술과 종별 관리 기술 관련 전문가 양성을 위한 전문가 프로그램을 운영해야만 한다. 또한 이색 외래종의 수요와 거래 증가에 관한 문제점을 검토하고 홍보하고 관리하는 방안도 중요하다. 즉, 이색 외래종이 생태계에 유출되지 않도록 해야 하고 개인 소유가 가능한 야생 동물 목록도 지정하고 제공해야 한다. 그렇게 해야 생태계 유출 경로를 파악하는 데 도움이 되기 때문이다. 이를 위해서는 관련 행정 부처와 국립생태원 등 전문 기관, 전문가 그룹, 국민이 위해 외래 생물에 대한 관리의 필요성을 인식하고 협력해야 한다.

외래 생물을 수입하고 판매하는 이해 관계자나 이를 사육하고 재배하는 사용 관계자도 관련 법률을 준수하고 관리 매뉴얼을 숙지하고 행동하는 지혜를 발휘해야 한다. 국민 모두가 노력할 때만

우리 고유의 생태계와 생물 자원을 보호하고 생물 다양성을 유지
할 수 있다.

외래 생물의 특징을 파악하는 것이 우선!

생태계 위해 외래 생물에 대한 관리 체계를 구축하려면 외래 생물의 종 특성을 신속하게 파악하고 대응해야만 한다. 이를 위해 국립생태원은 외래 생물 관리에 대해 〈종합 대응 매뉴얼〉을 제작하고 그 내용으로 분류군별·종별 대응 방안을 마련하여 배포했다.

우선 법정 관리종에 대한 규정은 다음과 같다. '유입 주의 생물'은 수입 전 지방청장의 승인을 얻도록 되어 있고, '생태계 위해 우려 생물'은 상업 판매 목적으로 수입하기 전에 지방청장의 허가를 받고, 그 외 목적인 경우 수입 전에 지방청장에게 신고하도록 되어 있다. 또한 '생태계 교란 생물'은 학술 연구, 전시, 교육 등 목적의 예외 상황에서만 수입이 가능하며 수입 전 지방청장의 허가를 받도록 규정되어 있다.

외래 생물 관리 종합 대응 매뉴얼은 외래 생물에 의해 피해가 발생했을 때 관계 기관 즉, 환경부, 관할 지방^{유역} 환경청, 관할 지자체, 국립생물자원관, 국립생태원 등이 신속하게 현장에서 대응

하려는 목적에서 만들었다. 상황은 관심 단계, 주의 단계, 심각 단계로 구분하여 다르게 조치한다.

관심 단계는 인접국_{중국, 일본 등}에서 외래 생물에 의한 피해가 발생해 사전 대비하는 상황으로 국립생태원은 공항, 항만 등 국경 지역의 예찰을 강화하고 협업 검사 범위를 확대한다. 국립생물자원관과 국립생태원도 해당 종의 생태적 특성과 국내 서식 현황을 파악하며 국립생태원의 위해성 평가를 실시하고 결과에 따라 환경부에서 법정 관리종으로 지정한다.

주의 단계는 침입 외래 생물이 다수 또는 일정 지역에 고밀도로 발생해 생태계 피해가 우려되어 현장 대응이 필요한 상황으로 지방청과 국립생태원이 발생 지역의 1차 조사 및 예찰을 한다. 지자체는 발생 지역 1차 방제를 실시하며 국립생태원은 위해성 평가를 실시하고 결과에 따라 환경부에서 법정 관리종으로 지정한다.

심각 단계는 침입 외래 생물 때문에 심각한 인체 피해_{독성, 질병, 기생충 전파 등}와 생태 영향이 지속되어 적극 대응이 필요한 상황을 말한다. 이때는 환경부·지방청·지자체·국립생태원·국립생물자원관으로 현장 대응반을 구성하고, 지방청·국립생물자원관·국립생태원 합동으로 발생 지역 2차 조사·예찰을 실시한다. 이후 지방청·지자체·국립생물자원관·국립생태원이 합동으로 발생 지역을 2차 방제한다. 국립생태원은 위해성 평가를 실시하고 결과에 따라 환경부에서 법정 관리종으로 지정한다.

외래 생물 관리 종합 대응 매뉴얼은 분류군별·종별 대응 방안

환경부 산하 국립생태원(또는 국립생물자원관)은 우리나라의 생물 다양성 연구 및 보존과 외래 생물의 조사, 연구, 관리 등을 주요 업무로 하고 있다.

을 제시하고 있다. 분류군별은 포유류, 양서·파충류, 어류, 곤충류벌목, 식물로 나뉜다.

포유류는 생태계 교란뿐만 아니라 인체에 위해를 미칠 가능성이 높으며 기생충이나 인수 공통 전염병의 매개체가 될 수 있다. 또한 행동 범위가 넓으면서 이동 경로가 불확실하고 확산 상황을 파악하기 어려워 발생 초기에 신속하게 대응하는 것이 중요하다. 초기 확산을 방지하기 위해 신속하게 차단막을 설치하고 운영할 필요가 있다.

확산 방지 조치를 한 이후에는 발생 상황별로 최적의 퇴치 방법 즉, 유인제를 사용하거나 포획 틀을 설치하거나 총포의 사용 여부를 전문가의 검토를 거쳐 실시한다. 발생 상황별로 관심 단계-주의 단계-심각 단계에 따라 환경부·지방청·지자체·국립생물 자원관·국립생태원이 규정에 따라 조치를 해야만 한다.

포유류의 방제 방법은 주의 단계에서는 유인제나 트랩을 이용해 포획하고, 심각 단계에서는 유인제 포획, 트랩 포획 외 총포를 활용한 직접 수렵이 추가된다.

사체 처리 방법은 해당 포유류 종에 적합한 안락사 방법에 따라 처리하고, 분비물이 누출되지 않도록 비닐로 완전하게 포장하고 주변을 소독한 뒤 폐기물로 처분한다. 폐기물관리법 상 동물의 사체는 생활 폐기물에 해당하므로 종량제 봉투에 담아 배출한다. 단, 보건 의료 기관, 동물 병원, 시험·검사 기관 등에서 배출한 동물의 사체는 의료 폐기물로 처리한다.

양서·파충류는 수중과 육상에서 서식할 수 있는 생물학적 특성을 가지고 있다. 하천, 연못, 저수지, 습지, 도심 생태 공원 등 폭넓은 서식지를 가지고 있다. 즉, 다양한 경로와 넓은 범위로 확산이 가능하기 때문에 확산 상황을 파악하기가 어려운 실정이다. 외래 양서류는 육안으로는 구분이 어렵고 개체의 크기도 다양해 서식 여부를 확인하기가 어렵다. 또한 올챙이와 같은 유생 상태에서는 토종 양서류와 구분하기가 힘들다. 반면 외래 파충류는 성체의 크기가 큰 편이고 일광욕을 하므로 확인이 가능하다. 하지만 거북류는 경계심이 강해 포획하기 위해 접근하는 것이 쉽지 않고 악어 거북이나 늑대거북 등은 물속에 은신할 수 있어 확인하는 데 어려움이 있다.

양서·파충류의 방제 방법에는 직접 포획과 트랩 포획이 있다. 직접 포획은 족대, 투망 등을 이용하며, 트랩 포획은 거북 트랩, 뱀 그물, 통발 등을 이용한다.

포획물 처분 방법은 분비물이 누출되지 않도록 비닐로 완전히 포장하고 주변을 소독한 뒤 폐기물로 처리한다. 양서·파충류의 사체도 동물 사체이므로 생활 폐기물로 처리한다. 다만, 일부 개체에 대해서는 필요에 따라 표본 제작 등 연구 목적으로 활용할 수 있다.

외래 동물 중 특히 포유류를 포획할 때는 주로 트랩을 이용한다. 외래 동물을 포획하면 정부가 정한 규정에 따라 처리해야 한다.

어류는 수중에서만 살 수 있다는 특성이 있다. 조사 지역을 물이 있는 지역으로만 한정할 수 있다는 장점이 있지만 수중에서 조사하기가 어렵다는 단점 또한 있다. 어류는 직접적으로 생태계에 영향을 미칠 뿐만 아니라 기생충이나 질병의 매개체가 될 수 있다. 어류의 1차 방제 방법은 포획, 산란장 제거, 온배수 방류 관리 등이다. 2차 방제 방법은 직접 포획, 상시 포획단 운영, 온배수 방수 관리가 있다. 포획 장비로는 족대, 투망, 자망물속에 옆으로 쳐 놓아 물고기가 지나가다가 그물코에 걸리도록 하는 그물, 정치망한곳에 고정적으로 쳐 놓고 물고기가 지나가다가 걸리도록 하는 그물 등이 있다.

포획물 처분 방법은 다른 동물의 포획물 처분 방법과 같이 생활 폐기물 또는 의료 폐기물로 처리하며 경우에 따라 아이스박스나 냉동 보관 뒤 폐기물로 처분한다. 또한 필요할 때는 표본 제작 등 연구 목적으로 활용할 수 있다.

곤충류는 어류와 마찬가지로 생태적 영향뿐만 아니라 질병 전파, 인체 건강, 경관과 문화적 가치에 영향을 미친다. 곤충류의 일반 방제 방법에는 직접 제거 및 약제 살포, 서식지 굴취 및 열수 처리, 트랩을 통한 제거가 있다. 또한 천적을 이용한 방제, 공생 생물과 격리하기, 독성 미끼를 방사하는 방법으로 방제할 수 있으며 필요시 전문가의 의견에 따라 결정한다. 다만 곤충류 살충제를 사용하여 방제할 때는 인간과 동물 등에 위해가 될 수 있으니 주의해야 한다.

외래 식물인 서양민들레를 골라 뽑는 모습. 서양민들레의 어린 순은 나물로 먹기도 하지만 작물이나
잔디밭에서는 골치 아픈 잡초이기도 하다.

포획물 처분 방법 또한 어류의 포획물 처분 방법과 같다.

식물의 경우는 일단 국내에 유입되어 정착하면 조절이 현실적으로 불가능하기 때문에 개체수가 적고 확산되기 전에 선제적으로 대응해야 한다. 식물은 특성상 생활형한해살이, 여러해살이, 나무, 서식 형태수생, 습생, 육상, 덩굴성 유무, 근경 및 영양체에 의한 번식 유무, 종자 산포 방식중력 산포, 바람, 유수, 동물 및 열매에 의한 산포, 종자 생산량 및 발아율 등 여러 요소를 고려해 차별화된 대응 방안을 마련해야 한다. 한해살이풀은 예초기를 이용해 지상부를 제거하며, 여러해살이풀은 지상부 및 뿌리 제거, 나무인 경우는 줄기를 절단한 뒤 제초제인 글리포세이트를 뿌린다.

외래 식물의 방제는 물리·화학·생물학 방제가 가능하다. 물리적 방제는 직접 뽑기, 덮기, 풀베기, 땅 갈아엎기, 불로 태우기 등이다. 화학적 방제는 제초제 살포, 생물학적 방제는 가축 방목과 천적 투입이다.

식물의 경우 식물체를 밀봉하여 햇볕에 고사시킨 뒤 퇴비화, 매립, 소각 처리하는 방법으로 제거물을 처분한다. 다만, 퇴비화 처리는 뿌리나 줄기에서 반복 출아하는 풀은 적용하기 어렵고, 종자는 퇴비화해도 발아할 수 있어 종자가 결실되기 전에 처리해야 한다.

생태계 위해 우려 생물부터 관리해야!

외래 생물은 이미 유입되었거나 도입하기 전에 [생물 다양성 보전 및 이용에 관한 법률_{생물다양성법}]에 따라 관리한다. 아직 우리나라에 유입되지 않은 외래 생물이 유입되었을 때 생태계 위해 우려가 있는 생물은 '유입 주의 생물'로 지정한다. 또한 최초로 수입 승인을 신청할 때는 환경부 소속 국립생태원에서 위해성 평가를 실시하며 결과에 따라 '생태계 교란 생물' 또는 '생태계 위해 우려 생물'로 지정하거나 '관리 비대상'으로 분류한다.

'유입 주의 생물'을 수입하고자 할 경우는 해당종의 사용 계획서, 관리 시설 현황 및 노출 방지 방안 같은 서류를 구비한 뒤 소관 지방_{유역} 환경청장에게 수입 승인 신청을 해야 한다. 지방_{유역} 환경청장은 제출된 서류와 국립생태원에서 실시한 위해성 평가 결과를 반영하여 수입 승인 여부를 통지하게 된다.

위해성이 높지 않은 멸종 위기종, 법정 보호 지역에 영향을 미치는 생물, 위해성이 크더라도 산업 가치가 높아 대체가 불가능한 생물은 '생태계 위해 우려 생물'로 지정하여 관리한다. 생태계 위해 우려 생물을 상업 목적으로 수입하고자 할 경우는 관할 지방^유역 환경청장의 허가를 받아야 한다. 또한 그 외 목적으로 수입하거나 수입 목적, 수입량 등 주요 사항을 변경하고자 하는 경우에는 이를 신고하여야 한다.

예전에는 국내에 미유입된 생물은 위해 우려종, 이미 유입된 종은 외래 생물로 정해 위해성 평가를 실시하여 생태계에 미치는 위해가 큰 종만 '생태계 교란 생물'로 지정한 뒤 관리해 왔다. 그러나 이제는 '유입 주의 생물', '생태계 위해 우려 생물', '생태계 교란 생물'로 세분화하여 관리가 강화되었다.

1 유럽 사람들이 남아메리카에서 감자를 가져오지 않았다면 세계 식민지 역사가 바뀌었을 지도 모릅니다. 어떻게 바뀌었을지 생각해 봅시다.

....

....

2 생태계 교란 야생 생물인 황소개구리와 거북 종류를 퇴치하기 위해 각각의 천적을 외국에서 새로 들여오는 것에 대해 어떻게 생각하는 지 정리해 봅시다.

....

....

3 여러분은 수입업자입니다. 뿌리, 줄기, 잎, 열매의 이용 가치가 뛰어나지만, 다른 식물의 성장을 방해하는 생태계 교란 식물이라면 수입을 할지 말아야 할지 생각해 봅시다.

....

....

4 아까시나무와 가죽나무는 대표 귀화 식물입니다. 귀화 식물을 혐오하는 사람이 이 나무를 베어 내고 있다면 여러분은 어떻게 행동할까요?

....

....

다른 나라에 귀화한 우리 식물

귀화 식물은 우리나라에 살지 않았던 식물이 의도적이든 비의도적이든 원래의 자생지에서 우리나라로 옮겨져 여러 세대를 반복하면서 야생화 또는 토착화된 식물을 말한다.

귀화 식물이 다른 환경에서 적응하고 살아가려면 번식력과 생존력이 강하고 씨앗을 많이 그리고 쉽게 퍼뜨려야만 한다.

우리나라에 있는 귀화 식물은 아까시나무와 가중나무를 제외하면 모두 풀이다. 서양민들레, 돼지풀, 개망초, 미국가막사리, 토끼풀 등이 대표적인 귀화 식물이다. 그렇다면 우리나라의 자생 식물이 다른 나라의 귀화 식물이 된 경우도 있을까?

칡은 콩과의 덩굴성 나무로 우리나라에서는 약용 식물이며 구황 식물이다. 칡은 우리나라, 일본, 중국에서 자생하는 식물인데 미국이 일본에서 관상용으로 수입한 뒤 생태계에 유입되어 지금은 생태계를 교란하는 위해 침입종으로 지정되어 있다.

인동 역시 우리나라, 일본, 중국 등지에 자생하는 인동과의 덩굴성 나무인데 미국과 오스트레일리아 등으로 전해져 귀화 식물이 되었다. 인동은 외래 침입종으로 지정되어 제거 대상이 되었다.

그밖에 참억새볏과의 여러해살이풀, 매듭풀콩과의 한해살이풀, 비수리콩과의 여러해살이풀 또는 작은키나무, 찔레나무장미과 갈잎작은키나무 등도 우리나라의 자생 식물인데 의도적 또는 비의도적 유출로 외국에 귀화한 식물들이다.

 나가며

동물과 식물이 살아가는 모습을 보기 위해 멀리 갈 필요는 없다. 집 주변, 산책로, 공원, 개천 주변, 등산로 주변만 잘 살펴보아도 여러 가지 동식물이 어우러져 사는 모습을 볼 수 있다. 필자 또한 주기적으로 가는 동네의 산책로에서 이런 동식물을 보고 있으며, 계절별로 변하는 과정을 지켜보면서 살고 있다. 20년이 넘게 같은 산책로를 다니면서 많은 것을 느낀다.

첫째, 사람의 손길이 닿지 않는 곳은 해가 여러 번 바뀌어도 볼 수 있는 동식물에 커다란 변화가 없다. 둘째, 사람의 손길이 닿는 곳은 식생에 변화가 많고 종수가 적다. 셋째, 토종 식물이 점점 사라지고 외래 식물이 많아졌다. 급기야 돼지풀과 단풍잎돼지풀 등 생태계 교란 야생 식물이 군락을 이루고 있는 곳이 많다. 우리 주변의 야생 식물이 인체에 해를 끼치는 경우는 드문데 돼지풀과 단풍잎돼지풀은 꽃가루 알레르기를 일으키기 때문에 조심해야 한다. 이런 생태계 교란 야생 식물은 대개 토종 식물의 서식지를 차지하고 성장을 방해한다.

어느 산책로 주변에서 무성한 단풍잎돼지풀을 누군가가 꺾어 버리거나 베어 낸 흔적을 매년 볼 수 있다. 누가 그랬을까? 단풍잎 돼지풀이 외래 식물이며 생태계 교란 야생 식물로 꽃가루 알레르기를 일으키기 때문에 일부러 그런 걸까? 행여 지나가는 사람에게 해가 미칠까 봐 누가 시키지도 않았는데 그런 걸까? 지자체에서 생태계 교란 야생 생물 퇴치 차원에서 꺾거나 베어 냈다면 산책로의 일부가 아니라 그 지역 전체에 대한 작업이 이루어지지 않았을까? 이런 의문이 들면서 이곳이 국유지일 텐데 '인체에 해가 되는 풀이라고 해도 한 개인이 꺾거나 베어 낼 수 있는 건가?'라는 생각이 들기도 했다. 언제부터인가 생긴 산책로 주변의 생태계 교란 야생 식물 모니터링 표지판을 보고 있노라면 생각이 많아진다.

생태계 교란 야생 생물은 식물인 환삼덩굴 1종을 제외하고는 모두 외래종이다. 이 말은 원래 이 땅에 없었던 생물이 다양한 이유 때문에 도입 또는 유입되어 안정적이었던 생태계에 변화가 일어났다는 뜻이다. 특히 생태계 교란 야생 동물은 여기저기로 이동하기 때문에 그 피해가 눈에 쉽게 띈다. 육식 동물은 토종 동물에게 피해를 주며 초식 동물은 토종 식물을 못살게 군다.

생태계 교란 야생 식물은 움직이지 않고 겨울이면 말라 죽기 때문에 그 피해가 눈에 쉽게 띄지 않는다. 하지만 이런 식물은 왕성한 번식력과 서식지 장악력으로 토종 식물의 살 자리를 빼앗는다. 어느 한 지역을 덮어 버리는 외래 식물을 보면 무서운 느낌이 들 정도로 그 피해가 동물 못지않다. 특히 식물은 뿌리까지 확실히 제거하지 않으면 근본적으로 퇴치가 불가능하다. 제초제를 쓰

등산로나 산책로 주변에서 생태계 교란 야생 식물 모니터링 표지판을 쉽게 볼 수 있다.

산책로에서 흔히 볼 수 있는 단풍잎돼지풀. 누군가가 일부러 꺾은 흔적이 보인다.

면 주변 식물과 토양에 악영향을 끼친다.

무척추동물의 조사와 관리는 국가 차원에서 이루어져야 한다. 특히 생태계 교란 야생 생물의 경우는 더욱 그렇다. 한 개인이 해결할 문제가 아니다. 그렇다고 개인이 나 몰라라 할 수도 없다. 누구나 생태계 교란 야생 생물의 피해자가 될 수 있기 때문이다. 모처럼 한적한 곳으로 가족 캠핑을 갔는데 꽃매미가 떼로 달려들고 냇가에는 미국가재가 득실대고 뉴트리아가 기웃거리고 도깨비가지의 가시에 상처가 날 수도 있다. 따라서 국가뿐만 아니라 개인도 생태계 교란 야생 생물에 대한 관심과 이해가 있어야 한다. 그래야 피해가 우려될 때 현명하게 대응할 수 있다. '이 동물은 뉴트리아이고, 그 거북은 붉은귀거북이고, 저 곤충은 꽃매미이고, 이 풀은 돼지풀이고, 그 풀은 가시박이고, 저 풀이 미국쑥부쟁이군.' 이 정도면 좋다. 대표 생태계 교란 야생 생물을 몇 종 정도는 알아야 하지 않을까? 그래야 우리 주변에 있는 동식물과 조화를 이루며 살아갈 수 있다.

동식물에게 가장 위험한 천적은 누구일까? 바로 우리 인간이다. 생활의 편리함을 위해 도로를 만들고 건물을 짓고 휴양지를 조성하면 그곳을 삶의 터전으로 살아가던 동식물은 새로운 서식처를 찾아 떠나야 한다. 그러는 과정에서 어떤 동식물은 멸종 위기에 처하기도 한다. 인간의 이런 활동이 없다면 동식물이 멸종하는 일은 아마 운석 충돌과 같은 천재지변이 아니고서는 일어나지 않을 것이다. 자연 생태계는 그 구성원들 즉, 동물, 식물, 미생물, 햇빛,

한 지역을 가득 덮고 있는 환삼덩굴. 왼쪽은 수꽃, 오른쪽은 암꽃이며 식물 전체에 작은 가시가 많아 베어 내기가 어렵다.

물, 흙, 돌, 공기 등이 조화롭게 균형을 이루고 있는 곳이다. 누군가의 교란이 없다면 서로의 특성에 맞게 서로 도우며 때로 서로 경쟁하며 살아간다. 그러나 인간이 어떤 목적을 위해 파헤치거나 산사태, 산불, 홍수가 나는 등 교란이 일어나면 일정 기간 동안 혼란이 일어난다. 이 과정에서 원래 살던 동식물이 다른 동식물로 교체되기도 한다.

이렇게 교란이 일어나는 곳에서는 대개 외래 식물이 잘 자란다. 그래서 이런 곳에서는 개망초, 돼지풀, 미국쑥부쟁이, 토끼풀, 달맞이꽃 등이 먼저 들어와 자라게 된다. 산사태로 맨땅이 드러나 있거나 공사로 파헤쳐져 흉물스럽게 보이던 곳도 이런 식물 때문에 그나마 생명이 시작되기도 한다. 풀이 자라면 곤충이 오고 새가 오고 여러 가지 생명으로 채워지고 또 다른 하나의 생태계가 균형을 이루게 된다. 이런 면에서 보면 외래 식물이라고 해서 부정적으로 바라볼 수만은 없다.

외래 동식물이 어떤 이유로든지 우리나라에 들어와 자리를 잡고 번식하기 시작하면 웬만해선 완전한 퇴치가 불가능하다. 그렇다면 외래 동식물에 대한 생각도 퇴치보다는 피해가 없는 선에서 하는 공존을 선택해야 하지 않을까? 공존을 하려면 그 대상을 알아야 한다. 아는 만큼 보이고 보여야 함께 살 수 있지 않을까!